好妈妈不娇不惯培养女孩

文　德　编著

U0840473

吉林文史出版社

图书在版编目（CIP）数据

好妈妈不娇不惯培养女孩 / 文德编著. -- 长春：吉林文史出版社, 2020.1（2024.8重印）

ISBN 978-7-5472-6723-3

Ⅰ. ①好… Ⅱ. ①文… Ⅲ. ①女性—家庭教育 Ⅳ. ①G78

中国版本图书馆CIP数据核字(2019)第267998号

好妈妈不娇不惯培养女孩

HAOMAMABUJIAOBUGUANPEIYANGNÜHAI

编　　著　文　德

责任编辑　张雅婷

封面设计　末末美书

出版发行　吉林文史出版社有限责任公司

地　　址　长春市福祉大路5788号

电　　话　0431-81629353

网　　址　www.jlws.com.cn

印　　刷　北京永顺兴望印刷厂

开　　本　880mm×1230mm　1/32

印　　张　4

字　　数　80千

版　　次　2020年1月第1版　2024年8月第3次印刷

定　　价　19.80元

书　　号　ISBN 978-7-5472-6723-3

前 言

\PREFACE\

养育一个优秀女孩，是天下父母的心愿。拥有一个出色的女儿，是天下父母的福气。然而面对这样一个娇柔公主，父母一直在思考要怎样养育才能让她幸福、优秀，答案就是精养。

精养女孩，不仅要让她在成长过程中感受到父母的爱、感受到家庭的幸福，还要赋予她独自面对未来、独自创造幸福的能力，更要培养出她的主见、自信、勇气、坚强、决断等关乎她一生成败的良好品质。

那么，女孩的优秀品质如何去培养？这是问题的关键。首先，就是开阔她的视野，增加她的阅世能力，从而大大增长她的见识。如此，她长到花一样的年龄时，就不易被浮世的繁华和虚荣所迷惑。等到了谈婚论嫁时，她们就能找个能力出众、事业有成的丈夫，顺利地从父母的呵护过渡到丈夫的呵护。其次就是要注意培养她的优越感，因为优越感是女孩拥有自信和勇气的基础。第三，要让她学会自重和博爱，要教会她善良和关爱，要塑造她的气质，因为女孩的美永远不能只依靠外表。我们要重视女孩文化素质的提升。著名作家斯迈尔斯在《品格的力量》里说道："女性的素质决定着整个民族的素质。"

需要强调的是，教育孩子不是一朝一夕的事，也不是仅凭好妈妈就能独立完成的，教育需要女孩、父母及老师的通力协作才能完成。

本书结合女孩的特点、个性以及成长规律，从不同角度出发，为父母提供了一套成功育女方案，使父母掌握教育的正确方向和科学方法，真正教到点子上。本书深刻分析了女孩与男孩的不同之处、女孩天性中的优缺点，以及父亲和母亲在养育女孩过程中所应起到的不同作用，统揽女孩成长过程中的教育问题及解决办法，全面介绍女孩的身体、心理、性格、气质、品质、理财、才艺、潜能和学习等各个方面，指导父母培养出有素质、有能力、有眼光、有魅力的卓越女孩。希望本书能让您静心阅读，用心思索，掌握富养女孩的细节，为您养育出一个优秀的女孩提供帮助。

目 录

\CONTENTS\

绪 论

培养女孩精神上的富足感

王夫之又叫王船山，是历史上的大学问家，他们家世代为官，家境很好，也很有名望。

他嫁女儿的时候，人人都拭目以待，想看他会准备什么稀奇嫁妆。结果，新娘子上轿之前，王夫之拿出一个小箱子，交给女儿说："这是我为你准备了几十年的嫁妆。"媒婆打开一看，里面全是书和纸稿！

见到众人失望和惊愕的表情，王夫之对女儿说："别小看箱子里的东西，那是为父一生研究的学问，说的是怎样做一个有骨气、有出息的人，什么金银财宝也比不上有用的知识。"

女儿明白了父亲的用意，顿时觉得非常骄傲，风风光光地上了花轿，热热闹闹出嫁了。

别人嫁女儿要求风风光光，但是王夫之嫁女儿只送书和纸稿。因为他坚信学问对女儿生活的帮助，它比任何嫁妆都值钱。一个女孩到了婆家不明事理，不知道孝顺长辈、体恤亲友，不能好好地做丈夫背后的女人，不能给孩子树立生活榜样，不能把做人的道理和读书的方法等传授给孩子，这样的女儿嫁出去也难得幸福。

把书籍当成女儿的嫁妆，在历史上并不多见，因为我们往往看重物质在生活中的重要性。理性的家长在教育的过程中，更要注重培养女孩的精神方面，要让她们感受到被关爱、被呵护。

很多父母不知道如何表达对女孩的期待，其实，写信就是一种不错的方式。书信是一种非常隐私的行为，它是最能传递感情的一种方式。

第一章

女孩需要父母特别的呵护

——女孩的性别决定了她们极易受伤

脆弱胆小——女孩比男孩更需要父母的关注与爱

古典文学作品中形容一个女孩温婉美丽，就说她娇喘微微，似弱柳扶风；泪光点点，如梨花带雨。眼泪是很多女孩的杀手锏，遇到不如意的事情大多数女孩会发小姐脾气。哭是女孩的发泄方式，但总是哭的女孩可不招人喜欢。

女孩都有一种表演情结，你越是在意她的一举一动，她就越是想表演给你看。女孩在有客人的时候会格外娇气，只有家里几个人的时候就很正常。这是人之常情。不过，当女孩因为一件小事情而流眼泪的时候，如果她是故意给你看的，你就假装没有看见好了，像往常一样看报纸、喝茶、聊天。当没有观众的时候，她就自己停下来了。次数多了，她也会觉得没有意思的。

在美国，很多家庭都主张用放任的教育方式来处理孩子们发脾气的问题。当孩子开始发脾气的时候，把他一个人扔在一边不管他，等他自己觉得没有意思了，也就冷静下来了。

不过，一定要注意的是，当女孩在真正受了委屈或者很脆弱的时候，爸爸妈妈还是要第一时间站在她身边的。

建议一：妈妈是女儿最亲近的朋友

在家庭关系中，母女关系是最特别的一种关系。有人说女儿是父亲前世的情人，那么女儿就是母亲前世的情敌。今生做母女，既有妈妈与女儿之间的血脉之情，也有抢夺关爱和家庭地位的“斗争”。这样奇怪而有趣的关系，也只在母女之间才有。

现在独生子女居多，妈妈不像过去那样需要对好几个孩子负责，如果家里只有一个女孩的话，很容易产生问题。因为妈妈的注意力都集中在女儿身上了，女儿可能有时候达不到妈妈的标准，就会被责骂。有的妈妈极力想经营好自己和女儿的感情，但到头来却是徒劳——因为妈妈没有把握好和女儿的距离。其实，你们只要做最好的朋友就好。

朋友就是相互理解、支持、尊重，并且能够始终保持一定的距离。

对于每一个人来说，当自己产生喜怒哀乐的情绪时，总想和人一起分享。我们成年人，有和人分享的心理需要，同样，女孩也需要有人与她分享生活中的喜怒哀乐。倾听并分享女孩的喜怒哀乐，有利于协调父母与女孩之间的关系，让女孩感到父母在关心、爱护她，她才愿意信任父母。

在家庭教育中，妈妈和孩子相处的时间明显多于爸爸，这时候女儿对爱的需求主要从妈妈身上得到满足。妈妈需要认识到女孩的心理特点：

第一，女孩希望有人耐心地倾听她们的告白。

女孩在找父母聊天时，和男孩希望得到建议和帮助不同，她们更希望父母能专注与感兴趣地倾听，分享她沮丧的感觉或倾听她遇到的问题或者感受她的开心喜悦。

沟通对女孩来说很重要，她需要的是支持而不是解决问题的途径，因为在女孩的思维里，发泄完了，问题就解决了，情绪也就随之好起来了。

如果女孩在和你讨论问题的时候你不能了解她的感受，反而自以为是地提供一连串解决问题的答案或者敷衍应付，女孩会变得不愿意继续交谈。

第二，大胆地帮助女孩，她会觉得更受珍视。

如果男孩不找你，你千万不要主动帮助他，因为他会受到伤害。但这并不适用于女孩。女孩通常认为若有人肯帮助她，那是在她的帽子上添饰羽毛，让她觉得自己可爱又受珍视。

第三，女孩喜欢被人珍视的感觉，因此，请尽量表现你对她的爱。

相比男孩喜欢被需要的感觉，女孩更希望自己被珍视。如果女孩发现自己被人珍视和喜爱，就会让她有一种莫名的满足感。

如果女孩在父母那里得到很多的爱，那么女孩会有安全感。父母应该给女孩更多的爱，但必须有一个前提：在不把女孩看成“弱者”的基础上。只有在父母理性的爱的呵护下，女孩才能独立，才能更快成长。如果父母对女孩的兴趣表示关心、询问她感兴趣的问题时，女孩就会觉得被爱。

要让女孩有这种体验，我们应该注意以下两个方面：

当女儿请求你为她做些事情时，你与其说“没问题”，不如说“我很乐意去做”；

经常送一些小礼物给女儿，在女儿眼里，她看到的不是礼物，而是礼物装载的满满的珍爱。

第四，分享女孩的沮丧与无助。

女孩面对压力时，会越来越不知所措和变得情绪化。她们希望有人在这个时候了解她并且帮助她。而父母这时候最应该做的就是和她一起谈论问题的细节，然后分享她的沮丧、迷惑、无助，这样女孩就会不再孤单，而是感到舒服和快乐。

女孩表达她的烦恼、失望和挫折时，如果倾听者关心她的挫折与失望，她会感受到父母的支持，当然，她并不需要你的解决方案，她需要的只是发泄，如果有人听她抱怨，不用太长时间，她的情绪就会慢慢好转，不再觉得这些是压力。

第五，女孩更关注自己的人际关系。

相对于男孩而言，女孩更关注自己的人际关系。女孩喜欢根据各自个性上的差异，组成一个个趣味相投的小团体，如果女孩不能被团体接受，她会觉得被孤立了，从而产生自卑、怯懦等不良情绪。因此，我们应该鼓励女孩结交朋友，并进行适当的引导。

如果女孩的人际关系出现问题，如和好朋友吵架、父母对她提出批评等，都会直接伤害到她的心灵，她会觉得自己的付出没有得到相应的回报或者产生父母不再爱她等不良心理情绪。

另外，在与同龄女孩的交往方面，她们会两两组成“最好的朋友”，而且会时不时地闹闹小矛盾。这时候妈妈千万不要给女儿讲一些“珍惜友谊”之类的大道理，最好的办法就是听女儿倾诉，然后让她自己解决问题。

建议二：爸爸要多给女儿欣赏和信任

父亲是女孩生命中接触的第一位异性，如果父亲希望自己的女儿将来能充满自信地和异性相处，首先就要在和女儿相处的时候做到欣赏她、信任她。从最简单的外貌上来说，有的女孩越来越美丽，有的女孩却越长越没有气质了。这其中父亲的影响很重要。

当然，父亲对女儿的影响力绝对不仅限于穿什么衣服的问题，如果父亲希望女儿能够选择最适合自己的人生道路，并能够坚持下去，那么最好一直不停地给女儿鼓励和信任。有的父亲喜欢对女儿采取高压政策，以为这样就能防止女儿走上人生歧路，其实这样做只会影响父女之间的关系。

很小的事情上就能看出父亲在教育上的水准，当孩子玩游戏出了小问题时，有水平的父亲会安抚孩子的情绪，让孩子继续玩耍，同时告诉孩子不要犯同样的错误，而冲动的父亲就会充当裁判员的角色，行使自己的“家长特权”去审判孩子，影响孩子的心情，纠正孩子的自觉性。

如果站在欣赏和信任的角度去看待你的女儿，你会发现她身上有很多可取之处；如果你能及时让她知道这些是她的优势，她就能朝着这个优势一直发展下去。其实成年人之间也是需要不断的鼓励和信任的，父女之间，就更是如此了。

父亲千万不要在女儿面前说母亲的坏话，说母亲坏话这种行为不仅不利于母女关系，而且影响自己在女儿心目中的形象——试问有哪个好男人会计较小事情，还在别人背后说坏话呢？母亲是女儿的榜样，父亲就要保护好女儿的榜样。

小气自私——父母需要多花时间帮女孩学会分享

“爱自己”“看清自己的痛苦与快乐”容易做到，可是“就像爱自己那样爱别人”“感受别人的痛苦和快乐”，就有些难度了。

换位思考，就是要把自己设想成别人，站在别人的角度考虑问题。很多时候甚至需要暂时抛开自己的切身利益，去满足别人的利益。

而在现实生活中，孩子习惯于用自己的方式来看待自己和他人的态度与行为，而且习惯于以自我为中心的思维方式，从而引发一些不必要的冲突和矛盾。

家长在平时的教育中，应该告诉女孩：唯有感同身受地去倾听别人的烦恼、痛苦、快乐、幸福……才能使别人愿意与你交流、沟通，并真切地感觉到你对他的尊重。

当然，这种“感同身受”一定要发自内心，不带任何利己成分。如果关爱别人，目的是希望从别人那里捞取更多的好处，那么这种关爱是没有任何意义的。

换位思考的实质是对交往对象的切身关怀，深入对方的内心世界。它是一种理解，也是一种关爱。建立在换位思考基础上的相互理解和关爱，能够很好地促进彼此间的团结与合作。

立场不同、所处环境不同的人很难了解对方的感受，因此对别人的失意、挫折和伤痛，不要幸灾乐祸，而应给予关怀与安慰。

只有理解他人，感受他人的痛苦和快乐，才能做到与人为善。如果不懂得欣赏他人，就难以接纳和理解他人，更谈不上奉献爱心。

父母要让女孩明白：与人相处时，充分尊重彼此之间的差异，学会替别人考虑，这样就会取得事半功倍的效果。

正像俗语所说的那样，“穿别人的鞋，才知道痛在哪里”，鼓励女孩站在对方的立场上关爱对方，了解他人的真实处境，切身地感受他人的喜怒哀乐，这样女孩才能成为一个真正受欢迎的孩子。

有时候，女孩也很想去帮助小伙伴，也很想进行换位思考，但由于阅历以及其他方面的原因，她们往往是“心有余而力不足”。父母可以教给她们一种对话技巧：想帮助朋友，首先要把自己当作对方，安静而专心地倾听他的倾诉，并且在适当的时候用一些简单的词语回应他的感受，比如“嗯，是这样……哦……”在朋友宣泄悲伤的时候，还要说出他的感受，比如“他让你难过了！”“这的确使你很灰心！”……在对话的最后，用幻想的方法帮他达到心里的愿望，可以说“真希望当时我在场……”

当然，父母不需要直接反复告诉女孩这种对话技巧，只需要在平时的家教中用上这种技巧，使孩子从中受益。如此，孩子在人际交往中，自然会模仿这种有效的方法。

建议一：父母可以适度削减孩子的优先权

如今每家的孩子几乎都是独生子女，父母长辈百般呵护，孩子生来养尊处优，对任何东西都有优先选择权和拥有权。当孩子尚未形成独立思想的时候，他会认为所有这些都是理所应当，这就为孩子将来表现出来的“小家子气”埋下了伏笔。随着孩子慢慢长大，接触的人和事多了，他便很难把自己的双手张开，将自己的东西与他人分享，凡事只考虑自己，自私自利，无视他人的状况和感受。

要让孩子摆脱小气的毛病，家长务必以身作则，适度削减孩子的优先权，为人处世的时候要无私豁达，以自身的行为给孩子树立好的榜样。

不要溺爱孩子，要让他懂得好东西应该与大家分享，教育他要懂得尊敬长辈。当家中来客人时，可有意识地让幼儿帮助“招待”客人，如拿糖果给大家吃或拿玩具请小客人玩等。另外，父母应多给孩子与同伴相处的机会，让其带着玩具和同伴交换着玩，增加其与同伴分享的经验。当孩子知道对方玩过以后会还给自己或是自己也有过玩他人玩具的体验时，自然会主动与他人分享并感到快乐。

让孩子学会把自己的东西送给别人，如鼓励和引导孩子把自己的玩具、学习用品送给有需要的小伙伴，或者捐给有需要的社会人群。在节日的时候，提醒孩子给亲戚、伙伴送上一份小礼物，当孩子完成分享的行为时要给予及时的肯定和赞许，孩子就会逐渐改掉小气的毛病。

另外，要教育孩子心存感恩。让孩子明白，一个自私的人，看到的只有自己的得失，这种人通常不愿意主动付出，做事都喜欢讲条件，久而久之，做什么事都想不劳而获，最后的结局只能是一无所获。只有在生活中乐于与人分享、没有私心的人才有可能获得他人的帮助，做出一定的成绩。

建议二：女孩有多慷慨，要看父母

慷慨是一种可以培养的品质与能力，当一个女孩有足够的能力以及宽阔的心胸时，慷慨自然而然地就存在于她的品格之中。作为女孩，父母尤其要从小教给她慷慨做人的道理。因为慷慨不仅能够给受到帮助的人带来快乐，而且施予者也会同样感受到欣慰和愉快。

想要做一个吝啬与小气的人，那很容易，在别人向你寻求帮助的时候，你只需要不闻不问、不管不顾就可以了。可是要想做一个慷慨的女孩，那就不是一件简单的事情了。因为慷慨是一种人生态度的培养，在于平日的修养与学识，更在于家庭的教育。一个慷慨的女孩，她会受到来自各方的欢迎。

不是所有人都是慷慨的，因为慷慨是一种能力。假如一个女孩连自己的生活都料理不好，那么她又如何有剩余的精力来帮助别人呢？因此，父母应该有意识地培养女孩的能力，因为只有足够的能力才能够在女孩的心中孕育出慷慨的精神。

假如父母在平时对亲朋好友或是邻居都表现出大方、热情及慷慨，那么时间久了，女孩也顺其自然地有了慷慨的精神。

任性——精养女孩最容易导致的一个结果

美国儿童心理学家威廉·科克的研究表明，女孩任性也是一种心理需求的表现。他指出，随着生理的发育，女孩开始逐渐接触更多的事物，但是却不能像成人那样对这些事物做出正确的判断和评价。

女孩只会凭着自己的情绪与兴趣来选择，尽管这些事物往往是不适合她的，或者是有害的。而一部分父母多以成人的思维去考虑女孩参与的结果，完全忽略了女孩参与的情绪和兴趣。实际上，这种情绪和兴趣，正是女孩心理需求的一种表现方式。

处于独立性萌芽期的女孩，一切事物都想亲力亲为，凡事都想弄个透彻，这原本是好事。但是，这种“亲力亲为”的心理，往往会在不合情理中表现出来。这种任性，实质上是一种与父母对抗的逆反心理，其根源在于父母没有重视她的心理需求。

面对这种情况，父母切不可简单粗暴对待。父母要了解女孩的心理需求，并认同这种需求，给以足够的重视。

女孩任性的原因主要有两个：首先，由于孩子的认知水平不高，不善于从他人的角度考虑问题，她们只考虑自己的需要、自己的情感，尤其是三四岁的孩子，由于活动能力比三岁前大有进步，于是在活动中追求自主，力图表达自己的意志，因此，常常不肯按照家长的意图去办事。

其次，如今的父母大多过于宠爱女孩。孩子要什么，父母就给什么，甚至一些不合理的要求也迁就答应，养成了孩子以自我为中心的习惯。一旦遇到不顺心的事情，孩子就会大哭大闹，直到家长让步为止，渐渐地，孩子发现，只要自己坚持，家长就会让步，自己的要求就会得到满足，于是就养成了任性的性格。

从心理学的角度来看，任性是女孩意志薄弱、缺乏自控能力的表现。但是，女孩的任性并不是天生的，而是家长不良教育方式的结果。

父母要学会对女孩说“不”，但是，面对女孩善意的任性时，父母就应该心平气和地同她讲道理了。在父母给女孩讲道理时，女孩能从中体会到一些棍棒教育不出来的东西，也只有这样的父母才会培养出一个耐心而懂得交流的女儿。

家有女孩，父母的教育方式往往要柔和一些，凡事顺着孩子来，久而久之就养成了女孩一副“大小姐”的架势和脾气，常常颐指气使，但凡提出要求，父母就要立即实现，否则便大哭大闹，无休无止。其实，父母只要掌握下面五点，就能轻而易举地将女孩的大小姐脾气化于无形之中：

1.预防在先

儿童的任何行为都可以找到一些基本的规律，任性也是如此。父母要摸清楚女孩任性的规律，然后和女孩“约法三章”，提前预防。比如，女孩上街的时候总是哭着要求大人抱，那么父母就可以在临出家门时和孩子约定好：今天出门你必须要自己走，如果实在走累了那我们就歇一会儿。如果女孩履行了承诺，不妨给一点儿物质奖励，或者满足孩子的一个合理要求。

2.冷处理法

女孩任性发作时，父母装作没看到，孩子哭闹一阵之后发现无法引起父母的重视，自然也就会慢慢停止闹腾。如果父母表现出心疼、怜悯或迁就，那势必会引起女孩更加激烈的反应，此时父母更不要为了制止孩子而和她讨价还价。

3.转移孩子的注意力

这种方法适用于年龄较小的女孩，父母可以利用孩子注意力易分散、易被新鲜的东西吸引的心理特点，把女孩的注意力从其坚持的事情上转移到其他有趣的物品或事情上。

4.激将法

利用女孩的竞争和好胜心理，在女孩任性的时候可以拿其他平时表现较好的孩子与之做比较，从而激发孩子的好胜心和自信心，自发地克服任性的毛病。

5.适当惩罚

对于年龄小的女孩，只靠正面教育是不够的，适当惩罚也是一种极为有效的教育手段。如果女孩任性不好好吃饭，父母不用多费唇舌，过了吃饭时间就把饭菜全部收走，不用担心饿坏孩子，少吃一顿不会对孩子健康造成太大影响，等孩子感觉饿的时候，自然就会好好吃饭了。但需要注意的是，惩罚一定要适度，千万不能有任何过度和过激的行为。

建议一：不要对女孩大惊小怪

父母越是大惊小怪，孩子越是容易惊慌，容易小题大做。养成这样的习惯，孩子是很难沉住气的。当家长看到女孩在生活中出了状况的时候，如果能确定她自己可以应付得来，就不要主动插手，更不要大惊小怪。这时如果帮忙反倒容易吓着孩子，让她失去了自己理性判断的机会，也就谈不上培养沉着之气了。

在欧美发达国家里，游戏是孩子成长中必不可少的一门课程。有很多教育家认为，游戏对孩子早期的性格、思维和品质培养都有很重要的影响。女孩很少做活动量大的游戏，所以父母可以多和女孩做思维游戏，这就像是在给女孩上思维的体操课。

现在有很多专门为亲子设计的游戏书，里面有各种各样的游戏，推理、数独、猜谜、协作等，这些游戏一方面可以模拟生活中可能遇到的情况，帮助女孩提前做好准备，另一方面也能锻炼女孩的判断推理能力，当有紧急情况的时候，能够帮助她做出理性判断。

有些父母不让女孩读侦探小说、看《名侦探柯南》一类的动画片。其实，女孩接触这类东西，对她的推理能力有好处。父母可以在游戏方面丰富一下女孩的生活，这对她的成长和性格锻炼都有帮助。

建议二：让感性的小公主学会理性思考

女孩的心多是敏感脆弱的，对外界的反应相对于男孩来说也更为敏锐，感情变化较为激烈，心情比较容易被环境影响。有的女孩常常读着小说，就被书中主人公感动得落下泪来；当看到有人生活中遇到不幸的时候，也往往跟着紧锁眉头。这一切都源于女孩强大的感性。

通常来说，女孩惯用右脑思考。右脑是属于灵感的、直觉的、音乐的和艺术的，可以令人重视感受，因而惯用右脑的女孩触觉自然也就比惯用左脑的男孩更加敏锐，更加多愁善感。大多数女孩做事的时候，情绪都是随着自己的心理变化而变化的，比如高兴、伤心等；男孩子正好相反，他们大多数时候都能按照自己的想法去做事，情绪波动也不是很大。

理性地思考能使人看待事物更加客观公正，行事更具条理和逻辑性。理性思考可以帮助人们很好地理清思绪，即使是性格懦弱的人，也能通过理性思考使自己的思路清晰无碍。同时，理性思考还能使女孩正确看待并努力战胜遇到的困难和挫折。

作为女孩的父母，可以多引导孩子学会用理性看待问题。当孩子因为一件事情产生情绪波动的时候，父母可以多给孩子讲讲道理，根据孩子的年龄适当渗透一些社会的现实状况，给孩子打好预防针，做足心理准备，以防当孩子长大成人走向社会的时候，因为太过柔弱、太过情绪化而影响日后的生活和发展。

犹豫多疑——不妨让她像男孩一样大大咧咧

孩子的多疑，大多来自对成人世界的不信任。如果父母对自己的孩子不信任，也容易造成孩子对父母、对外界的不信任。孩子世界是成人世界的折射，孩子多疑，不是孩子的错，是因为成人世界太多疑。

有的时候孩子总怀疑父母不爱自己，这种对亲人信任的缺乏会导致女孩对一切事物的不信任。因此，父母应该多用肢体语言如拥抱来与孩子交流，多与女孩聊天，建立孩子对父母的信任感。当孩子在家庭中感到信任、感到幸福时，就会最大限度地避免陷入多疑的症结。也可以通过音乐、美术等艺术方面的学习，让女孩在获得知识的同时感知世界的美好。相信美好的女孩一定不会是多疑的女孩。

建议一：父母不要无端猜疑女孩

有一本书叫作《无条件信任的力量》，正如书名所说，无条件的信任可以产生巨大的力量，可以让陌生人成为你的得力助手，让对手变为挚友。无条件地信任也是教育中的一种重要的思想，它可以让你的孩子爆发出超出你想象的力量。

很多父母喜欢和孩子“谈条件”——如果你考上了一类大学，我们就带你去旅游；如果你能在一个月时间里不让我们给你往学校送东西，下个月的生活费就增加50元；如果你这一次参加了才艺表演，下回爸爸就给你报一个你喜欢的泥塑班……看起来好像是在诱惑孩子学习，但这其中总是少了一些信任的力量。

《好妈妈胜过好老师》的作者尹建莉女士也在书中说，她从来不以任何条件来要求女儿学习，考试之后，不论成绩好坏都会带她去旅游。因为她相信女儿已经在学习上努力了，她更相信亲人之间不应该有太多的“交易”。

现实中很多妈妈在发现女孩犯错后，经常不分青红皂白地冲着女孩大喊大叫。事实上，这种方式收效甚微，因为人们的情绪判断遵循“情绪判断优先定律”，妈妈冲孩子大喊大叫之后，孩子当时只能记住“恐惧”，而忘了对错误的判断与反省。

所谓的“情绪判断优先定律”，即指情绪会优先于理性，影响人们的判断。无论是好情绪还是坏情绪都会首先影响到人的行为。例如，现在消费者对生产企业“王婆卖瓜，自卖自夸”式的广告已经深恶痛绝，而更喜欢那些人情味十足的广告。例如，清华清茶广告词：“老公，烟戒不了，洗洗肺吧！”短短一句话，像一枚“情衣炮弹”，迅速使得消费者“投降”。在这过程中，消费者首先是感动和产生情感共鸣，继而就会引发他们潜在的消费需求，也为商家带来滚滚财源。

同样的道理，妈妈在与女孩交往的过程中也要学会“先处理情绪，后处理事情”。例如，在女孩处于不愉快状态时，她就会将所有外界信息“拒之门外”，这时无论谁说什么，她都很难接受。但是，如果妈妈能先处理和体谅女孩的感情，宽容和安慰女孩，先处理好她的情绪，使她处于良好的情绪状态下，那么问题就会轻而易举地得到解决。

很多妈妈在女儿犯了错之后，会大骂女儿或打她，这是极其不明智的行为。当孩子闯了祸之后，她心里其实很痛苦，也很内疚。在这种糟糕的心态下，打骂对她来说，只会产生反感情绪，她会觉得妈妈并不爱自己，爱的是那些已经损失的钱和物。在这种境况下，孩子根本就无心改正错误。暴力教育从来就不会让女孩变得顺从，也不会让她变得聪明和懂事，只会使她走向堕落和消沉。

当孩子犯错之后，不如先用温和的方式和她对话，让她们觉得妈妈是了解她的，与此同时，她会在心里暗自下定决心，以后不会再犯同样或类似的错误了。

建议二：多给女孩一些积极的心理暗示

有的女孩在演讲的时候，总会出现这样的情况：一切都已经准备好了，她刚要上台的时候，看到台下很多观众，于是乱了阵脚，小手捏得紧紧的，完全忘记自己要说什么。

而这个时候，如果母亲可以对她轻轻地点点头，或者是走近她，拍拍她的肩，暗示女孩“你可以的，你能行”，这样可以使原本不敢迈出步伐的女孩勇敢地向前迈进。这是一种多么美妙与伟大的心理暗示。

心理学家说过：“父母如果总是以正面的信念期待着女孩能够成为什么，那么将来女孩就会成为什么。”这听上去好像没有科学依据，实际上这完全有可能。

父母对于女孩的期待与评价经常会在言语及日常生活中有意无意地显现出来，积极正面的期待会使女孩感受到爱和支持，从而充满自信；相反地，负面消极的评价会使女孩失去信心和发展的机会。

萧伯纳在他90岁寿辰的时候说过：“要记住的是，我的行为并不会受到经验的影响，而是受到了期待的影响。”这种期待的心理，浅显地理解便是“心理暗示”，特别是女孩对自己失去信心、常常怀疑自己的能力时，如果她可以得到积极的心理暗示，她就会增强自信心，反之就会自卑。

法国有句有名的谚语：“自以为是鼠辈的人定会被他人轻视、欺负。”这句话反映了“心理暗示”带给人的影响。如果家长能够以身作则，以自己的精神感染女孩，或者是建立一个学习型的家庭，激励女孩自强、自立、积极向上，鼓励女孩多参加社会公益活动，在集体生活中得到锻炼和成长，那么，女孩一定会沐浴在自信的光辉之中，会感到无比巨大的推动力推着他，为一步步攀向人生的高峰奠定坚实的基础。

嫉妒虚荣——克服女孩天性中的弱点不容易

嫉妒是人类的一种普遍的情绪，它源于人类的竞争，其本身具有一定的生物学意义，或起积极作用，或起消极作用。有些人嫉妒是出于不服与自惭而不甘居下。奋发努力、力争上游，这就是积极的心理与行为。

实际上，嫉妒心理及相应的嫉妒行为除了暂时地平衡人们的心理之外，毫无可取之处。

建议一：指责嫉妒不如倾听嫉妒

和男孩相比，女孩更容易产生嫉妒心理，因为女孩子更容易专注于一件事，并且好强，自尊心极其强烈。尤其现在的家庭大都是一个孩子，大多数家长众星捧月一般地宠着孩子，使许多孩子都染上了“娇”“骄”二气。这类孩子绝对不允许别人比自己做得好，也不愿听夸奖别人的话，所以嫉妒成为女孩子一种愈来愈严重的通病。这种可恶的“病毒”会使得女孩的美丽人打折扣。

面对女孩的嫉妒，父母也无须烦恼，最重要的是要帮助孩子摆脱嫉妒心理，使嫉妒朝良性方面发展，比如去欣赏别人，虚心向别人学习，赞美他人。

其实，父母与其指责孩子嫉妒，不如倾听一下孩子为何嫉妒。女孩对他人拥有的自己不具备或得不到的东西，往往会产生一种由羡慕转化为嫉妒的心理，这是很正常的现象。父母平时应该多和女孩接触交流，及时掌握女孩的心理变化，了解女孩嫉妒的直接起因，耐心倾听女孩的心理感受。要知道，女孩的嫉妒是直观、真实、自然的，它完全不像成年人那样掺杂着许多其他的社会因素，它只是女孩对自己的愿望不能实现而产生的一种本能的心理反应。因此，当女孩显露出嫉妒心时，作为父母，千万不要严加批评指责，而要倾听、理解她的愤怒、不安和烦躁等不良情绪。在女孩倾诉完之后，要为她正确分析与他人产生差距的原因，积极寻找缩短差距的途径和方法，使女孩能正确与他人进行比较，以积极的方式缩短实际存在的差距，最终化解内心的不平衡。

此外，还要在平时生活中培养女孩豁达乐观的性格。告诉女孩每个人都有自己的优势和长处，但同时也都有各自的不足和短处，任何方面都比别人强是不可能的，也是没有必要的。引导女孩发挥自己的长处，扬长避短，在学习和生活中学会正视、欣赏别人的优势和长处，从而能够向别人学习、借鉴，以弥补自己的不足，用自己的成功来赢得别人的喝彩。

家长可以教给女孩用自我转换法和自我抑制法宣泄嫉妒这种负面情绪。引导女孩进行合理的自我转换，不把时间浪费在抱怨外在环境上，要积极给自己充电。

父母还可以建议女孩找一个较知心的朋友，痛痛快快地说个够，暂求心理的平衡，然后由亲友适时进行一番开导。这样做虽然不能从根本上克服嫉妒心理，却能中断这种发泄朝着更深的程度发展。如有一定的爱好，则可借助各种业余爱好来宣泄和疏导，如唱歌、跳舞、画画、下棋和旅游等。

建议二：怎样帮助女孩克服自己的嫉妒心

黑格尔曾说："嫉妒是平庸的情调对于卓越才能的反感。"嫉妒是一种心理缺陷。在日常生活中，嫉妒的存在是很普遍的。英国科学家培根说："在人类的一切情欲中，嫉妒之情恐怕要算作最顽强、最持久了。"

那么，如何避免和调适嫉妒型性格使其不再嫉妒、不再产生挫折呢？

第一，竞争、进步、向上。嫉妒别人的人往往是把宝贵的时间用在嫉妒别人身上，自己却产生焦虑、悲哀、猜疑、消沉、烦恼和敌意等不良情绪，这是一种最愚蠢的做法。为什么要嫉妒他人呢？你把对方的长处学习、借鉴过来，不就成了自己的宝贵财富吗？光阴似箭，人生苦短，与其将有限的精力耗在嫉妒他人的成功上，不如抓住时机做几件实实在在的事更有意义。就像别人说的那样"不要只用力于抹杀对手，使他和自己一样空无，而应该跨过那站着的前人，比前人更加高大"。我们可以把这里的前人理解为走在自己前面的人、比自己先成功的人，包括和自己生活在同一生活时间和空间的人。生活中的嫉妒主要发生在同一环境、同一领域的人中间。普列汉诺夫曾说："在人类智慧发展史上，因为某一个人物成功而妨碍另一个人物获得成功的情形是稀少无垠的。"一个观点的提出，一项研究的成功，留给后人的是新开拓的领域和道路，因而供人驰骋的天地更加广阔。在科学的领域里如此，在其他领域里也是如此。只要你敢于奋斗，并且不断提高自己的能力和面对竞争的心理素质，你一定能以真才实学赶上和超过别人。嫉妒这种负面情感是阻止孩子前进的拦路虎。当你全心全意地去为自己的事业奋斗时，就不会有时间去嫉妒别人了，因为"嫉妒是一种四处游荡的情绪，能享用它的只能是闲人"。

第二，"酸葡萄"与"甜柠檬"的自慰法。"酸葡萄"心理是指面对自己得不到的东西，便故意贬低它的价值，以使自己感到心安，抵消心中的不服气。《伊索寓言》中，狐狸吃不到葡萄说葡萄酸的故事众所周知。这说明想吃葡萄而吃不到的人用贬低葡萄的办法来求得心理平衡。不好的东西我得不到也无所谓，这虽然是一种自欺欺人的办法，但只要能安慰自己不去嫉妒别人也算是可取的。"甜柠檬"心理是指一个人知道自己眼下的境况很不理想，却强迫自己说："这不是也挺好的嘛。"鲁迅笔下的阿Q精神，其精华部分就是精神胜利法。一旦知足常乐了，就不会去嫉妒别人。这两种方法都要合理运用才可以。

第三，帮助敌对者可以消除自己的嫉妒之心。当你发现你所嫉妒的人需要有人帮助去办成一件事情时，你就全心全意地去帮助他。这时，你与他的目标一致了，就会由嫉妒他的心理转变成为共同的目标奋斗的心理了。当这件有意义的事情完成后，你从他身上学到了不少长处，你们也由敌意者变成合作者了。

嫉妒是愚人的做法，它害人又害己。父母应当十分注意消除女孩的嫉妒心理，避免嫉妒伤害女孩身心健康。

第二章

对女孩多用肯定，少用否定

——经常说“你能行”有助于女孩建立自信

女孩最初的自信源于父母的鼓励和赏识

育儿专家们经常会提醒年轻的父母，不要把女孩单独留在家里太久。因为女孩比男孩有更强烈的不安全感；同时也有很多老师们会说，不要批评女孩，因为女孩更容易不自信。女孩经常会为了小事情和父母大吵一架，看起来像是在斤斤计较，其实是因为女孩更需要父母不断地表达对自己的关心，她们对爱永远有需求。

表达爱的方式有很多种，说出来只是其中一种。我们的语言可以是肢体动作，也可以是白纸黑字。

当女孩放学回家之后，给她一个拥抱、一个吻；当女孩过生日的时候，给她写一张贺卡，表达对她的爱和感谢等，都能温暖孩子的心灵。

家庭教育是一个潜移默化的过程，是在各种各样的生活细节中完成的，所以父母一定要注意平时与女孩的对话方式。父母可能经常会说一些无心之语，让女孩觉得自己不如别人。

建议一：适当地鼓励女孩“顶嘴”

能够同父母进行争辩的女孩，她在以后的人生道路上会表现得比较自信、有创造力和合群。父母千万不要介意女孩“顶嘴”，而应审时度势，并且给以耐心引导，使争辩变得更加有意义。

争辩能够帮助女孩变得更自信和自立。在争辩的过程中，女孩会感受到自己受到重视，知道怎样才能贯彻自己的意志力。

德国汉堡心理学家安得利卡·法斯博士通过多年的实验观察后证实：隔代人之间的争辩，对于下一代来说，是走向成人之路的重要一步。

女孩在与父母争辩的时候，往往是她们最为得意的时候。这样做对于她们来说至少有两个好处：一是当女孩最高兴、最认真时，她们的大脑受到刺激，会很好地发育；二是这样可以营造家庭的民主气氛，增加女孩各方面的能力。这样的女孩会具有很强的交际能力和其他方面的能力，对她将来的发展是大有好处的。

总之，如果一个女孩从不与人争辩，总是与世无争的样子，那么，她的勇气、智商、口才、进取心和自信心等就值得怀疑了。因此，从某种意义上说，争辩是女孩的一门必修课，而这门课最好在家里进行。在争辩的过程中，父母要有热心和耐心，让女孩在争辩中不断成长。

父母大可不必为女孩顶嘴而生气恼火，应为此而感到高兴。因为女孩开始顶嘴就意味着她已经长大了，并且有了独立思考的能力，这不正是父母所期盼的吗？有的父母不能接受女孩顶嘴的原因是担心自己的权威受损。父母不要总按三四岁时的标准来要求已经长大的女孩，应该认识到：屈从的时代已过去，取而代之的是说服的时代。

建议二：不要总是拿她与别人比较

不少父母老想给孩子树立榜样，拿自家孩子的不足与别人的长处相比，以为这样就可以刺激孩子的上进心，其实，这样只能伤害孩子的自尊，即使刺激了她的奋发精神，到头来还是一种不健康的进取心，很可能会嫉妒别人的成功，或者难以接纳比自己优秀的人。拿孩子做比较，是一种盲目的教育心态。对于女孩来说，父母肯定别人的同时，如果语气和场合不当，就会伤害了孩子，使女孩产生挫败感，不利于培养女孩的自信心。

没有一个孩子愿意承认自己比别人差，他们希望得到成人的肯定，他们对自己的认识也往往来自成人的评价，而这种肯定式的评价对孩子自信心的培养亦是尤为重要的。如果父母总是强调女孩比别人差，会使女孩经常自我否定，当她遇到困难时就会恐慌、退缩，拒绝尝试。

父母不要总是拿自家的女孩与别人家的孩子比，孩子之间是无法比较的。每个孩子都是生命的奇迹，以前没有像她一样的人，以后也不会有。由此，我们要让孩子保持自信。不论好坏，都要鼓励孩子去尝试，这是最大化孩子潜能的重要途径，也是最大化孩子自信的源泉，更是使孩子实现人生价值的必经之路。

永远不要拿自己的孩子和别人比较，不妨多多挖掘孩子的可爱之处。如果你很想让他做比较，那么请让他跟“昨天的自己”来比较。因为人最大的竞争对手其实是自己，战胜了自己，也就达到成功的效果了。

鼓励她大胆去做——行动是女孩自信的第一步

有的父母总是觉得女孩不会有什么自己的主见，她的想法和意见也不重要，在女孩表达出她的意愿和想法时，父母也总是不屑一顾。当父母就家里的某个决策进行讨论的时候，女孩在一旁插嘴，父母就大声呵斥：“大人说话小孩子别插嘴！”“这是大人之间的事，没你小孩子什么事，一边玩儿去！”实际上父母的这种态度会对女孩产生消极的暗示和影响，无疑是给热情高涨的女孩迎头泼了一盆冷水，使女孩自信全失，严重的可能会觉得自己在家里一无是处、可有可无，进而衍生出一些本来可以避免的心理问题，如轻视自已、自我怀疑等。一旦女孩真的出现了心理问题，父母就要追悔莫及了。

一般来说，能够经常参与家庭决策讨论的孩子，性格较为开朗，她们能够在众人面前条理清楚、简明扼要地表达自己的见解和意见，能够主动关心别人、考虑别人的感受，有较强的集体责任感和责任心，待人接物也处处能彰显出自己的自信；而那些从来不参与家庭决策讨论的孩子，考虑事情通常是狭隘的、以自我为中心的，她们集体意识淡薄，依赖心理强，做事的主动性不强。因而可以看出，让孩子参与家庭决策讨论对孩子的健康成长有至关重要的影响。

孩子再小，也是家庭中的重要一员，不管孩子年龄大小，父母都要有意识地让孩子参与到家庭决策讨论，一来可以让孩子感受到他在父母心中的重要性，二来也能实现较好的自我认知，感受到自我价值。要知道，父母的肯定是孩子自信心形成的一个尤为关键的要素。

让孩子参与家庭决策讨论，父母首先要主动培养孩子的参与意识。当父母平时在讨论问题或商量某个决策的时候，可以有意识地征询一下孩子的意见，如问问孩子："你觉得我们这么做怎么样？""你认为我们买什么牌子的电视机好呢？"当孩子说出自己意见的时候，父母要及时给予回馈，如果孩子说得有道理，就可以按照孩子说的实行；如果孩子的想法欠考虑的话，父母就要给孩子讲清楚为什么这次爸爸妈妈没有听他的意见，指出孩子需要完善考虑的地方。这样就可以逐渐使孩子关心家里的事情，同时还可以提升孩子的思维，有助于他思考的全面性和理智性发展。

需要注意的是，父母在和孩子沟通的时候，应当把女孩当作一个真正的商量对象，和女孩说话的态度要和蔼，不能颐指气使，更不要对孩子的意见粗暴否定和冷嘲热讽，不要端出家长的架子，要让孩子感觉到，父母的确是想听她的意见的。

再有，并非家庭里的每一件事情都是适合女孩参与的。所以父母在让孩子参与之前，先要考虑好家里的哪些事情适合让孩子来参与，哪些是不适合的。通常来说，凡是参与的过程和结果有利于孩子身心发展的，就可以让孩子一同来参与，如家庭的计划开支、旅行计划等。

最后，在女孩的参与过程中要引导孩子自主地发表意见。有些孩子在年龄较小的时候，父母说什么她只懂得点头，或是说“我听你们的”“你们说怎么办就怎么办”，这就说明孩子还没有真正有意识地参与进来。此时父母就可以适当教给孩子一些参与的方法，如在买东西的时候，就可以给孩子几个备选项目，让孩子从中选择，并让她说出她的思考过程和最终结论；或者当孩子就某项决策不知道从何下手的时候，父母可以教给孩子一些既往经验，让孩子从这个角度出发去主动思考。

总之，父母要抓紧一切时机，时刻让孩子感受到自己是家庭中不可或缺的一员。

建议一：不要用对与错来评判女孩

心理学家指出，孩子从一出生就带有一种“自适应心理”，这种心理是指人们自我调节、应变适应环境的能力。保加利亚学者佩尔努曾作过一段描述：“婴儿被相当于20公斤的力推出，从温度为37度的温暖母体腹水中被抛了出来。在那个环境中，他像宇航员处于无重量的状态，现在来到空气温度为20度左右的寒冷环境中，而且在这个环境中还必须呼吸。”

从他的这段论述中，我们不难看出，从新生婴儿脱离母体的那一刻起，就已经用他天生的自适应能力来积极回应母亲子宫之外广阔的生活环境了。他不仅能够适应这种内外温差，而且很快便开始在这种环境中健康成长。接下去，他会积极地适应家庭生活，以后还要适应复杂的学校生活，继而要适应更复杂的社会生活。

孩子不仅天生能够自我调节，适应外界环境，而且也确实应该主动去适应，这无疑对他们的未来会产生极大的推动作用。心理学家认为，那些自适应心理素质好的女孩，她们有着强烈的求知欲，她们会有选择地接受未来发生的事情，理智地分析生活中的变化。她们有主见，不盲从，明白自己想要的未来的轮廓。因此，她们能够用“未来”的要求来规划自己的行为和思想，不断地为成长增值。

放开手让女孩去接受挫折的存在，对很多父母来说太难了。明明知道有些事情不能做，怎么可以眼睁睁看着女孩去犯错误呢？但如果父母真的想要让女孩有主见、有责任感也有相应的承受能力，就一定要在一些无伤大雅的事情上“眼睁睁”看着她犯错误。因为只有真正错过，她才会知道懊悔的滋味和负责任的滋味，还有让别人担心的滋味。

建议二：让她做自己喜欢的事情

我们每个人每天都有许多事情可做，在众多事情当中，你一定要清楚地了解一点，那就是：一定要做自己喜欢做的事。但是往往有很多人并不清楚这一点，为了种种原因，他们最后逼迫着自己去做一些自己不喜欢做的事，最后往往后悔莫及。

有一位机械师不喜欢自己的工作想转行，却迟迟下不了决心，因为他已经学了二十几年的机械，如果突然换一份其他的工作，会感到很不适应，所以尽管他不喜欢，却无法抛开累积二十多年的机械专业知识。他想改变，但又甩不掉过去的包袱，自然无法突破。于是他陷入了痛苦之中，他常常叹息着说：“如果当初我选择喜欢的事情就好了。”

生活中，像这位机械师的人很多，不管是学习或是工作，他们大多都在做着自己讨厌的事情，又不得不逼迫着自己去做好这些事情。不断挣扎中，他们往往失去了动力，当遇到学业或事业的瓶颈时也无法突破。他们也想过要改变，为此还不断地征求别人的意见，可最后还是很少有人试着去改变。

这其实是一个矛盾，既然知道自己再继续做下去也不会有兴趣，就应该果断地做出离开的决定。与其在不喜欢的事情上浪费时间，不如把精力投入自己喜欢的领域。也许你担心无法适应或开拓一个新领域，其实大可不必，一个人在做自己喜欢的事情时，就必定充满了力量，想象力和创造力也更容易被激发出来，只要付出努力，一定会有收获。

很多年前，一位名人讲过一句话："你一定要做自己喜欢做的事情，才会有所成就。"

所以，尝试着改变自己目前的状况，如果想让自己做事更有成效，你就必须做出更好的决定，采取更好的行动。

一个人只有在做自己喜欢的事情时才能充满激情，所以，家长们应鼓励自己的女儿突破现在的自己，积极行动起来，去做自己喜欢的事情。

多一点儿赏识，少一点儿苛求

一位哲人曾经说过这样的话："人的精神生命中最本质的要求就是渴望得到赏识。"对女孩来说，训斥只会压抑幼小的心灵；只有赏识她们，才能开发出潜能。

没有教不好的孩子，只有不会教的父母。赏识教育的本质是生命的教育，是爱的教育，是充满人情味、富有生命力的教育。

哈佛大学的心理研究专家做过这样的实验：有两组孩子，先让他们一起长跑消耗体能，然后一组接受严厉的批评，另一组得到热烈的称赞，随之进行体能检测发现，被批评的那组孩子无精打采，体能处于崩溃状态；而被表扬的那组孩子精力旺盛，体能得到迅速恢复，充满自信。

这个实验可以作为我们教育的反思：父母在教育女孩时应多给她们一些适当的赏识，学会赏识、赞美你的孩子，这对她的心理发展十分有利。让女孩知道父母对她们的关注和认可，既能快速抚平她们身体上以及心灵上的创伤，也能促使女孩的心理朝良好健康的方向发展。

适当的赏识与鼓励是必要的，但父母也要注意千万不要对女孩赏识过了头。一个女孩如果受到的赞美过多，心理便会膨胀，就会找不准自己的定位，从而也就不知道自己的言行是否符合一定的社会道德规范，这样的女孩在人格上往往是不完善、不成熟的，心理上也会十分脆弱，在今后的人生路上可能会经不起生活中的风雨与挫折。一个完备的人在成长中是需要经历一些磨难的，只有经历磨难并且能够从磨难中铸就刚强性格的人，才能适应未来的生活。

父母应该经常赞美女孩的一些做法，让孩子觉得自己很能干，特别有能力。当女孩具有了这样的自信的时候，在做事的时候就会表现出跃跃欲试的心态，处处想表现自己，证明自己。

建议一：不要苛求女孩“十全十美”

如果我们真要立志做个好父母的话，首先就是要理解女孩的感觉，尊重女孩的选择，说不定女孩在某方面的不足正好可以成就其他方面的才能。父母要有眼力去发现女孩的特点。

由此看来，父母在教育女儿的时候，眼光也是很重要的，父母们应该让自己多具备一些伯乐精神，及时发现女孩身上的特别之处。利用女孩自身的优点引导她，把她所有优秀的品质发挥出来，帮助她完成人生的自我超越，而不是只盯着她某方面的不足不放。

责备只能使女孩消极地应对身上不良的行为、习惯。所以，做父母的不要总是苛求自己的女儿十全十美，最重要的是要让她们实实在在地学习，实实在在地做人，实实在在地做事，实实在在地成长，她才会拥有完美的前途。

如果父母能换一种教育方式，把每个女孩身上的特质和性格罗列出来，然后一一告诉女孩父母是多么欣赏她们，让她们感觉到自己不能代替别人，别人也无法取代她们的，而且也觉得别人看到了她们身上的与众不同之处，那么，这样的女孩就会越来越自信，也就会越来越完美了。

父母应该注意和孩子说话的语气。如果她还小，父母不妨将她抱在怀里告诉她你为她而骄傲，经常不断地给予她表扬，那女孩的感觉是否会更好一些呢？父母和孩子进行交流的时候，不仅在她做得好的时候要表扬，而且当她做出努力之后，尽管未达到预期的目标，也要对她进行适当的鼓励，在和女孩说话的时候让她永远感受到如沐春风般的温暖。

建议二：赏识也要把握好度

心理专家马丁认为：过分夸奖同贬低一样，不能帮助人树立自信，还会让人变得脆弱。所以家教中也应当注意避免过度夸奖。正确的夸奖方法应是先仔细观察，了解女孩所做出的努力和成绩，在此基础上，审视进步程度，有针对性、目的性地进行夸奖，这才是正确的夸奖，而过度夸大和吹捧切不可盲目使用。

赏识女孩一定要有限度，惩罚女孩一定要有分寸，并且需要有明确的操作方式。过度的夸奖，会给女孩带来心理负担，慢慢地会加重女孩的心理压力，使女孩变得焦虑，遇到困难容易退却，缺乏信心。

父母对女孩的赞美要把握好时机和尺度，当女孩在表现出色的时候、取得进步的时候、需要鼓劲加油的时候，应该不失时机地赞美她。甚至在指出女孩的不足之前，也要先千方百计地肯定她的成绩，让女孩看到自己的优点，才有勇气、才能自信地改正自己的缺点。

当然，必须提醒父母的是，对于女孩的夸奖最好能够适可而止，过多过分的夸奖，会造成女孩不必要的困扰。夸奖具有启发性和鼓励作用，但夸奖过多，会带给女孩压力，形成焦虑。所以父母在平时对女孩的夸奖要适可而止，而且应用欣赏、交谈、聆听等方式代替过多的夸奖。著名教育家老卡尔·威特给父母们的忠告是：我们不能让女孩在受责备的环境中成长，但是也不能让她们整天泡在赞美里。

向女孩灌输一种理念——我可以

很多妈妈在教育孩子方面总是有一种“恨铁不成钢”的心情。她们希望自己的孩子能考满分，于是就批评自己的孩子总也考不了满分；希望孩子进步快，就批评孩子进步慢；希望孩子能再机灵点儿，就批评孩子反应太慢……妈妈们似乎总有一套自己的“教育经济学”，并自以为是：孩子固有的优点，不表扬还会存在，但是孩子的缺点，不批评就改不了。正因为如此，才应多批评，少表扬，不能让孩子对自己的现状满足。

但如果一个孩子在成长的过程中得到的大多是责备、抱怨和训斥，那么教育就会陷入一个怪圈，父母会发现孩子的优点越来越少，而缺点则越来越多。给孩子的批评过多，会使他们以失败的心态走向社会。

帮助女孩唤醒自信非常重要。在一个班上，如果老师只关注考前几名的学生，只关注那些拔尖的学生，那么那些考得不好的孩子总是进步不大。老师这种无言的否定会使他们被扣上“不认真”“成绩不好”的帽子，这样的心理暗示一旦形成，他们的自信心就会受到严重伤害。作为妈妈，我们千万不要再批评自己的女儿了，多鼓励她，相信她一定能够取得好成绩，帮助她恢复自信。

女孩和父母在人格上是对等的，所以，家长必须学会尊重女孩的人格。陶行知先生率先把“小孩子”称作“小朋友”，就是对儿童极大的尊重。在日常生活中，很多细节都可以体现出妈妈对女孩的尊重，比如说蹲下来平视女孩、倾听女孩说话，这样的动作会让女孩感受到被尊重。

建议一：强化女孩的自我价值感

女孩们天生就是感性的动物，她们的情绪和行为总是极易受到外界环境的影响，前一分钟还因为某一个人的褒奖兴高采烈，后一分钟可能就会因为另一个人不经意的一句嘲讽而丧失信心、妄自菲薄。作为女孩的父母，一定要时刻注意，引导女孩正确认识自我，强化女孩的自我价值。

家长们要让自己的孩子学会正视自己的价值，不要因为别人对自己的评价和态度而改变对自己的看法。告诉孩子，无论别人怎么说，你的价值都不会因之而改变，只要能够将个人价值与社会价值统一起来，做一些对他人有用的事，就能充分地施展出自己的才华，实现自己的价值。

当一个女孩没有自信时，就会看不到自己的长处和优势，有时候甚至会把自己贬低，全部否定自己，丧失了自我价值。家长们可以借助一些小事，让女孩体会到成功的愉悦，如让女孩帮助自己做一些力所能及的家务活，在学校对需要帮助的同学和老师伸出自己的双手，努力学好各门课程等。鼓励女孩坚持下去，以此来树立女孩的自信心。

再有，引导女孩接受自己——不仅接受自己的优点，也接受自己的缺点，并帮助女孩养成积极向上的心态。父母要让女孩知道，拥有自己的个性、懂得坚持自我、不盲目跟风的女孩才是最迷人的。

建议二：太在意别人的眼光，将暗淡自己的光彩

在这世上，没有任何一个人可以赢得所有人的好感。太在意别人的眼光，会逐渐淡化自己的光彩。

生活在别人的眼光里，就会找不到自己的路。

人生是一个多棱镜，总是以它变幻莫测的每一面映照着生活中的每一个人。不必介意别人的流言蜚语，不必担心自我思维的偏差，坚信自己的眼睛，坚信自己的判断，执着于自我的感悟，用敏锐的视线去审视这个世界，用心去聆听、抚摸这个多彩的人生，给自己一个富有个性的回答。

女孩也是家庭决策成员——父母不要替女孩做主

有的父母溺爱子女，并且鼓励子女依赖父母，不让他们有长大和自立的机会，久而久之，孩子的心中就会逐渐产生对父母或是权威的依赖心理，以致他们长大之后依然不能自主，缺乏自信心，总是依靠他人来做决定，终身不能负担起独立选择采纳各项任务、工作的责任，形成依赖型人格障碍。

对这种依赖型人格障碍的治疗，可以采用如下的方法：

1.习惯纠正法

依赖型人格的依赖行为已成为一种习惯，要想治疗它，首先必须破除这种不良习惯。仔细检查女孩的行为中哪些是习惯性地依赖别人去做的，哪些是自己决定的。对于自主意识强的事件，以后遇到同样的情况应该鼓励女孩坚持自己的决定。

2.重建自信法

如果只是简单地破除了依赖的习惯，而不从根本上找原因，那么依赖的行为也可能复发。重建自信的方法便是从根本上矫正女孩依赖型人格障碍。

第一步，清除童年的不良印迹。依赖型人格障碍的人一般都缺乏自信，自我意识十分低下，这与童年时期的不良教育在心中留下的自卑痕迹有关。最好的方法是回忆童年时父母长辈说过的对自己有不良影响的话，比如："你真笨，什么也做不出来""瞧你那笨手笨脚的样子"等，把这些话仔细地整理出来，然后一条一条进行认知重构，并予以清除。

第二步，重建勇气。可以选一些略带冒险性的事情，每周做一项，例如：独自到附近风景点做短途旅行；独自去参加一项娱乐活动，或是一周规定一天"自主日"，这一日不论什么事情，绝不依赖他人。通过做这些事情，可以增加勇气，改变以往事事依赖他人的习惯。

建议一：在女孩面前不要太强势

女孩是发展中的个体，具有独立的人格和鲜明的个性心理特征，在向周围世界学习的过程中，她们处于主体地位，是学习的主人，家长应培养富有创造性和主动精神的女孩，让她们在探索中发现，在发现中提高和成长。

因此，了解女孩、尊重女孩、激励女孩、引导女孩是成功的教育方法，强迫责令，以成人为中心，往往使女孩被动，收不到好效果。命令的方式应慎用，绝对不能滥用。

父母应该重视与女孩的沟通，这样才能走进她的内心世界，知道女孩在做什么、想什么，才能更切合实际地为女孩的成长提供一个良好的环境。与女孩沟通就应该像对待大人那样，认真对待女孩的提问。

很多人会问，如何用沟通代替命令，跟女孩成功地沟通呢？

教育专家给我们的建议如下：

第一，成功的家庭沟通，应该注意以下因素：理解、关怀、接纳、依赖和尊重。理解要求父母孩子双方能够设身处地地为对方着想；关怀不但存在于内心，更要切实付诸行动；接纳要求考虑到每个人的个性，懂得欣赏人们身上的优点；依赖是要做到既信任别人也信任自己；而尊重是指尊重他人特别是女孩的权利，尊重她们的意见和选择。

第二，要建立一种积极健康的家庭沟通交流关系，应该改变父母是决策人、孩子是接受者这样僵化的家庭角色的分配。父母在家庭教育中应该懂得进行角色交换，每一个家庭成员都可以对他表述的愿望进行积极的辩解。

当女孩能够参与讨论家里的通常是成年人讨论的问题时，她才能够更好地理解父母。这样一来，父母一方面可以调动孩子的主动性，使自己清楚地认识孩子的才干，另一方面可以得到有关自己教育的反馈信息。

综上所述，父母与女孩通过沟通，才能让女孩明白“理解、信任、承诺、准时”等观念的重要。沟通，最容易让女孩站在他人的立场上思考，也最容易让女孩养成理解他人的习惯。只有这样，女孩才有可能成为一个全面发展的优秀人才。

父母要学会沟通的艺术，当女孩“倔脾气”上来时，不要一味地责骂，要学会与女孩交朋友，因为在女孩面前，我们不仅仅是父母，还是女孩的朋友。父母应该设法巧妙地从与女孩的对抗中解脱出来，不应该继续与女孩争执，在女孩缓过了顶牛情绪、心平气和、情绪良好之时，也会接受意见，改正错误。

如果家长的命令不合适，应该做自我批评，这样会使女孩心服口服，因为平等的亲子关系，会给双方以好的感受。如果不来个缓解过程，既伤了心，又伤了身体，大家情绪都会不好，甚至会造成父母与孩子之间的隔阂。

建议二：用她的方式去爱她

爱女儿，首先就要从了解女儿开始，因为自己的女儿自己最清楚，大多数父母都是这样认为的。可是我们真正了解女儿多少呢？女孩在成长中最需要的是什么？女孩和男孩在成长过程中的需求有哪些不同？有多少父母问过自己这些问题？又有多少父母能够给出答案呢？

打个比方来说吧，女孩和男孩看到同一条河流，男孩注意到的是它的速度和水量，目测它的深度，并估量自己是否可以穿过它到达彼岸；而女孩会注意那些跳跃的浪花、晶莹的水珠，有的女孩还会脱下鞋子跳进河里，顾不得水流里是否暗藏危险。

男孩与女孩本身的区别，决定了父母教育女孩与男孩的方式也应该不同。

一般男孩富于攻击性，女孩富有爱心，因为女孩思考问题迥异于男孩，所以女孩父母需要依据女孩自身的性别特质来教养女孩。

男孩有一个特点是靠行动来表达自己。但女孩不同，她是靠语言来表达自己，同时，她也是在与父母的交流与沟通中来获取父母对她的爱。其实，当女孩还在摇篮里时，就强烈地希望父母与她交流，因此，当一个女婴感受不到父母对她的爱时，她就会哭闹不止，但若父母凑到她面前，跟她讲上几句话，女婴便会停止哭泣，转而用笑声和挥动的手脚来向世界宣告：她因得到父母的爱而兴奋。

与男孩相比，女孩更注重父母对自己的评价。所以当女孩在某一方面取得成绩的时候，父母应该及时地给她鼓励与表扬。

女孩和男孩的不同并不仅限于此，大脑的细微差距以及大脑中某个部位的发育先后顺序及程度不同，也造就了女孩与男孩的差异。

有时，女孩比男孩更敏感。敏感的听力是女孩得天独厚的能力，女孩对噪音的反应更强烈，同一种声音在女孩听来要比男孩听到的响亮两倍；在触觉方面，最不敏感的女孩也要比最敏感的男孩得分高；女孩的视觉记忆更好，在黑暗中女孩看得要比男孩清楚；女孩的味觉和嗅觉也比男孩敏感：女孩有更多的味蕾，更容易受到气味的吸引。正因为此，女孩更擅长调动自己的听觉、视觉、触觉、味觉和嗅觉等，捕捉到那些微妙的、不容易被人发觉的信息以及更为具体的细节，建立起自己的直觉系统。

这些都是父母应该细心关注的地方。

每一个女孩都能够发现使生活变得更丰富的诀窍，但是首先，她要能够感受到生活的温馨安宁。同时，女孩天生就有一种娇弱的特质，她们就像是鲜花，在盛开之前，需要更多的精心呵护；女孩是温柔的代名词，是世界的调和剂。如果女孩没有一个安定的生长环境，就难以拥有柔和的心灵。社会需要女孩来建立一种特殊的“亲密关系”，把所有的元素都糅合在一起，生成一个固定的整体。但是如果不被爱，女孩也就不会理解爱的内涵，也就难以完成这一使命。

女孩需要父母更多的呵护与关爱，需要自始至终的精心培育。要想让女孩健康、快乐地成长，做父母的就要时刻按照女孩喜欢的方式爱她，让女孩感受到父母是多么在乎她、多么爱她，让她在健康和谐的环境中成长。

第三章

正确指导女孩的爱美行为

——外表的美丽的确能给女孩带来好运

美丽——上天赋予女孩的特权

很多父母看到这个标题的时候，可能会有点儿惊讶。现在还有谁会让女孩穿脏衣服、破衣服呢？对生活在大城市的女孩来说，可能她们很幸运，已经不用再穿表姐和小姑姑留下来的衣服了，但曾经生活在贫困年代的父母们或许还有记忆，如果自己能穿一件像样的衣服到学校里去，是一件多么幸福而骄傲的事情。

常言道，人的外貌是三分长相、七分打扮。现代社会，打扮可以看出一个人的素养和生活环境，服装的背后有很多文化因素。孩子们通常是在校园穿校服，只能在学校以外的地方穿自己的衣服。还有逢年过节的时候，虽然时间不长，可选择的服装也不多，但同样需要妈妈用心。

建议一：女孩都不想当“黑姑娘”

没有女孩愿意当“黑姑娘”，如果要想美白，从“黑姑娘”变成“白雪公主”，那就得好好关注自己的皮肤了。

肌肤美白的最高境界是拥有健康、洁净、明亮的肌肤。在这里，健康是第一位的。对肌肤最好的保护也体现在日常健康的饮食和作息中。

每天洗脸的同时，不要忘记清洁颈部；涂抹颈霜或滋润型的面霜，因为护肤产品通常都能让颈部紧致。

早睡早起，告别熬夜、烟酒，健康的生活会让大家的肌肤皱纹减少，保持水分，整天容光焕发。

牛奶有催眠的神奇功效。容易失眠的人睡前不妨喝一杯牛奶，可以放松神经，轻松入眠。优质的睡眠让皮肤能充分休息，比任何护肤品都有效。

正如越来越多的美容专家所提出的警告，我们追求的不是苍白，而是美白的最佳境界，不能脱离实际地想让自己的黄皮肤变成欧洲人的白皙肤色。所以要记住，美白的标准应该是健康、洁净、明亮的肤色。

建议二：爸爸妈妈可以适当赞美女孩的外貌

很多人发现女孩爱美之后，会很直接地说女孩子“爱美”“不害羞”之类的话，这些有点儿开玩笑的话语，会伤害女孩的自尊心，也会让女孩更加“偷偷摸摸”地爱美。

其实，爱美是女孩的天性，如果女孩在容貌上不太有自信的话，父母应该尽可能自然地赞美一下女孩的外貌。

“你穿紫色的衣服真不错”“齐刘海挺适合你的脸型的”“你的眼睛和姑姑的眼睛一样又大又亮”“你们刘家人就是身材很修长”……这些话对女孩来说，可是证明自己美丽的重要证据。如果妈妈们回忆自己的少女时代，谁曾经赞美过自己的容貌，一定是记忆深刻的。但是，越是熟悉的人我们越是懒得去赞美、欣赏，这往往让我们忽略了身边需要赞美的亲人。

但是，也要提醒父母不要过于在意女孩的外貌，无论是长得很好看，还是很难看，都不要过多地强调。有的人会很奇怪，如果自己的女儿长得不好，少说两句可以理解；为什么女孩长得好看也要少说呢？因为父母过于强调女孩长得好，会让女孩以为长得好是自己的功劳，然后很在意别人是否会看到这个“功劳”，甚至认为自己长得美就该得到比别人高的待遇。

妈妈应从着装上培养女孩的审美品位

爱美是女孩的天性，大部分女孩从很小的时候就喜欢照镜子端详自己，喜欢漂亮的衣服和裙子，而且很在意别人的评价。女孩的父母也愿意给孩子买漂亮的衣服、鞋子、头饰，把自家的女儿打扮成一个靓丽的人见人爱的小公主。然而，孩子在小的时候是没有自己的审美的，她们通常爱模仿母亲和身边亲密女性的穿着打扮，甚至是电视里自己喜欢的人物装扮。还有些爱美心切的女孩，趁父母不在家，便偷偷拿出妈妈的衣服、鞋子和化妆品，为自己精心打扮一番。所以，女孩的妈妈们，要注意从小引导女儿的审美，给孩子一个中肯的形象建议。

但父母也要尽早让孩子知道，一个人的美除了外在的，更多的是内在的，一个内心优雅的女性即使她在外貌上不够完美，也同样散发着一种他人难以抗拒的魅力。所以，家长应该由内而外，从仪容形态上培养女孩优雅的气质。

女孩适当地追求漂亮，还要让自己的魅力与时俱进。对时尚的追逐、对自然的崇尚，是女性的永恒话题，而漂亮、随意和活力，也是年轻女孩的专利。

时尚应当与自己的年龄相符合。首先，不同年龄追求不同的时尚，女孩要根据自己的年龄特征来选择适当的时尚服装；其次，时尚也要与自己的性格相和谐，只有当内在的性格与时尚追求和谐一致的时候，女孩的美才能得到充分的体现。就如同旗袍给人以文静的感觉，但“假小子”式的女孩就不适宜穿着；再次，要注意使时尚与所处的环境相和谐，即在选择时尚服饰时，应与一定场合的气氛相和谐。

第四章

好品德让女孩受益一生

——善良与爱心是女孩行走世界的通行证

女孩善良的天性需要保护

要保护女孩表现出来的一点点善行，激发她们的爱心。终有一天女孩长大成人，会具有令人欣赏的爱心和善意，不再对周围的世界冷漠。

每个女孩的心里都住着一个天使，只要我们学会呵护，善良的光芒就永远不会熄灭。

建议一：点滴生活中呵护女孩的善心

父母平日要多关注女孩，对于她的一些善行要给以鼓励、表扬。如果女孩缺少善心，就可以从以下几个方面入手来培养她的善心：

1.爱护动物。家长不妨喂养小狗、小猫等宠物，并让女孩在亲自照料小动物的过程中，学会体贴入微地关爱生命。此外，也可以鼓励她用自己攒的零用钱来“领养”动物园里的动物，或捐款拯救濒临灭绝的动物。

2.同情弱者。这是对女孩进行善良教育的另一项重要内容。鼓励女孩积极主动帮助生活中那些有困难的人，比如帮盲人、老人过马路，为身有残疾的同学排忧解难等。

3.宽容待人。这是善良品质的一个重要方面。教育孩子在与人相处中“将心比心”，学会宽容他人的错误，这样她不仅会具有善良的品质，并且还会拥有很多朋友。

4.故事引导。父母可以经常给孩子讲一些关于“善良”的故事，或者给孩子买一些塑造美好品质的故事书，也可以让孩子多看一些宣扬善良的电影。比如法国电影《天使爱美丽》就是这样一部好影片。

建议二：培养女孩爱的能力

一个人只有懂得先伸出自己的手，才能握住别人的手；而有过被爱的深切感动的人，会更有爱别人的能力。这样的道理用在亲情、爱情和友情上都一样。为人父母者想要培养出一个富有爱心的女孩，让她长大能懂得自爱、爱人，那么从现在开始就要让女孩学会爱，拥有爱的能力。

家庭环境是孩子一降生到这个世界时就接触的环境。因此，想要培养充满爱的能力的女孩，就要从小开始，而非等到学龄后再期盼学校老师来培养她。

父母还要教育女孩尊重生命。为了让女孩将关爱的情绪也能施加到人以外的事物，父母可以在家中养宠物，像猫、狗、鸟、鱼，或者种几盆花草，让女孩负责去饲养或换水、清理，顺便告诉她万物生命的意义，让女孩自由去跟宠物互动，或者观察植物生长，她就能慢慢体会到生命的尊严。

告诉女孩善良也是一种力量

建议一：告诉女孩善可以化解矛盾与仇恨

宽容是一种极为珍贵的美德，它的力量是巨大的。只要我们主动伸出和解之手，化解彼此心中的不满，我们就可能减少一个敌人，增加一个肝胆相照的好朋友。

因此，无论你一生中碰到如何不顺利的境况，你仍然可以在你的举止之间，显示出你的包容和仁爱，你周围的人也会受你影响，变得心态平和。

建议二：告诉女孩善的力量可以驱赶恶念

善良是世界上最可爱的东西。如果一个人没有善良的美德，那么他的聪明、勇敢、坚强等品质对社会来说将构成一种危险。你善良的回眸，可能会使一颗在寒冬中挣扎的心感受到春的明媚。善良就如天使的翅膀，可以带来绚烂和美丽。所以不要吝惜你的善良，心中常怀善念，你的人生就会因此而变得更有价值。

我们说“人性本善”，是说在人性深处，众人皆是善良的，只不过有时候没有表现出来。在如今物欲横流的社会中，很多人由于繁忙和生活的压力，内心深处的善良有时候会体现不出来，或者暂时被隐藏了起来。但在最关键的时刻，在生死攸关或者最感动、最温情的时刻，每个人内心的那种柔软就会显露出来，重新变成善良纯洁的人。就如我们所说的“一念成魔，一念成佛”，善恶常在一念之间。一切恶念、恶言和恶行对于自己和他人都是地狱；一切善念、善言和善举对于自己和他人都是天堂。如果人人都能弃恶从善，即使是地狱也能成为天堂。因此，每个人都要静坐常思己过，经常审视自己的内心，摒除心中的恶念，放弃伤人的恶言、恶行，让自己的心灵纯净，才会得到真正的内心平静和安宁。

让女孩拥有一颗宽容、博大的心

宽容是一种大度，是一种豁达；宽容能够容纳万物。心旷为福之门，心狭为祸之根。心胸坦荡，不以世俗荣辱为念，不为世俗荣辱所累，就会活得轻松、潇洒、磊落。

宽容别人，其实就是宽容我们自己。多一点儿对别人的宽容，我们的生命中就多了一点儿空间；有朋友的人生路上，才会有关爱和扶持，才不会有寂寞和孤独；有朋友的生活，才会少一点儿风雨，多一点儿温暖和阳光；有朋友的生活，才会感受到幸福和由衷的快乐。

宽容是心与心的交融，所以在生活中，女孩们一定要学会宽容。

建议一：告诉女孩不要太计较那些伤害

宽容别人，不锱铢必较，不耿耿于怀，和和气气地做个大大方方的人，你将会得到大家的赞颂。宽容是温和的泉水，在遇到矛盾和问题时更显得弥足珍贵，它比无止境的报复和怨恨更加有效，也更加愉悦人心。宽容好像一捧清泉，能够缓缓地洗去彼此之间一时的敌视，让双方冷静下来，从而更清楚地看清事实，也可以看清自己。

在面对伤害时，请告诉女孩保持克制，以宽容之心去应对，给自己，也给别人留一条后路。冤冤相报何时了，唯有爱可以终结一切。所以让我们都充满爱心，以宽容的姿态对待这个世界，那么，世界就会宽容地对待你。

建议二：不要随随便便批评别人

当我们批评他人时，先想想自己做得怎样，这样想的时候，你也许就会完全改变自己的想法和行为，并因此得到别人的爱。同样的道理，你也可以先想一想，如果犯错误的是我，我希望别人怎么说我？直言冷漠地批评我？还是善意地宽容，尊重和信任我，让我愉快改正？相信大家都会选择后者，那就这样做吧。

女孩不要随便批评别人。当你看到别人的错误或者不当行为时，不妨先设身处地地站在对方的角度想一想，然后用温婉的方式说出来。批评的本意是好的，但直言的批评毕竟太过于严苛，选择一种善意的方式，不去计较，也许比批评本身更有效。

第五章

打造女孩的优雅气质

——良好的家庭教育是提升女孩气质的关键

妈妈应从两个方面打造女儿的气质

优雅的气质并不是与生俱来的，而是通过后天训练获得的。据说，为了一个挺拔的站姿，奥运礼仪小姐每人头顶一本书，两腿关节处夹住一张纸，每天至少站一个小时。所以，如果想让自己的女儿练就与众不同的气质，家长们就要在生活中时刻注意加以训练。

培养女孩的举止仪态，并不需要刻意为孩子报礼仪训练课程，关键在于家庭影响，很多性格和习惯都是在生活不经意的细枝末节处形成的。

父母应该及早让女孩保持一个整洁干净的形象，告诉孩子要养成讲卫生的好习惯，脸、脖颈和手都应洗得干干净净；头发按时理、经常洗，指甲经常剪；注意口腔卫生，早晚刷牙，饭后漱口，不能当着客人面嚼口香糖；常洗澡、换衣服；站立的时候要保持良好的姿态，身体直立、挺胸收腹，切忌无精打采、耸肩、塌腰；在正式场合不能叉腰或双手交叉；坐姿要端正挺直而不死板僵硬，不能半躺半坐，两腿间距与肩同宽，不能叉开，双手自然放在膝或扶手上，大方得体；走路要挺胸抬头，肩臂自然摆动，步速适中，忌八字脚、摇摇晃晃，或者扭捏碎步；与人交谈时要态度诚恳、亲切，面带微笑，使用文明用语，简洁得体，不能沉默无言，也不能自已喋喋不休，要认真倾听对方讲话，交谈时忌东张西望、翻看其他东西。

建议一：仪表——女孩修养的外衣

一个女孩的修养除了体现在气质上之外，礼仪也是展露女孩人格魅力的外在表现之一。

仪表的整洁是女孩学习礼仪的第一步，自己打扮得整洁干净，也是对他人的一种尊重，毕竟谁都不愿意和一个邋遢肮脏的人讲话。无论女孩的长相是否美丽，父母在平日的家庭教育中，都应该教女儿学会保持面容干净。

此外，在衣服的穿着方面也有一定的礼仪。女孩的衣服可以不昂贵，但是必须得体。作为未成年人，父母需要告诉女孩，她的衣服应该与年龄相符合。不能在这个年龄段打扮得过于花哨，更不能过分地涂脂抹粉。

除了仪表之外，女孩的言行举止也需要有礼仪的约束。父母不希望自己外表光鲜的女儿说出脏话，也不愿意看到自己的女儿随地吐痰、乱扔东西。因此，父母还需要传授给女儿一些关于言行方面的礼仪。

关于言谈，一个文雅的女孩子，她所说出口的话总是给人一种清新自如的感觉。相反，一个不注意言辞修饰的女孩子，往往容易说出让人反感的话语。父母需要教给女孩的是，无论是与谁说话，女孩的态度都应该是诚恳的，而且需要使用礼貌用语。过于沉默或者话太多都不是礼貌的表现。

关于仪容仪表以及言谈举止，我们都已经略微提到。在家庭教育中，父母还需要结合实际来增强女孩子在礼仪方面的意识。例如，家中来了客人就是检测女孩礼仪学得如何的一个很好的机会。首先，父母需要让女孩知道，客人如果看到一个脏乱不堪的家庭会做何感想。所以，女孩需要先将自己的房间甚至整个家打扫干净，然后再准备好茶水迎接客人的到来。

客人来到之后，女孩要热情地对客人表示欢迎，用词和表情都应该大方得体。还要与客人主动地进行交流，以展现小主人的风采。待到吃饭的时候，女孩要懂得先招呼客人用餐，而不是自己抢先端起饭碗。客人要离开的时候，女孩还需要起身送客，并且欢迎客人下次再来。

礼仪的学习是一个长久的过程，不同的场合需要不同的礼仪。因此，在教导孩子学习礼仪的时候，父母要随时提醒女孩用文明的言行来表达自己，不可松懈。时间久了，孩子所学到的礼仪也就自然地成了她为人处世方面的一个好习惯。

父母都是孩子最好的老师。因此，父母在平时不但要监督女儿保持文明，自己更要以身作则，无论何时，都不能让有失礼仪的情况出现。

建议二：温柔——女孩的致命武器

据统计，妈妈在怀孕的时候如果能够始终保持平和的心态，而且言行举止都优雅得当，那么她生出来的女儿就会有一定的温柔气质。相反，孕妇如果有一个糟糕的脾气，那么她的这种状态也会影响到自己的宝宝。专家也说，女性温柔的激素会让腹中的孩子变得更美丽，性格更温柔。

有的女孩特别喜欢表现自己，无论什么时候都抢着说话，抢着表达。很多父母认为这是孩子不怯场的表现，鼓励孩子去说，去表达。但是，事实上这种做法并不可取。因为在着急的情况下所表达出来的行为与言语往往都是幼稚的。因此，我们建议父母在平时的教育中，要让女孩养成认真思考的习惯，而不是随便地表现自己。当言语在大脑中经过考虑后，说出来的话才会贴切。

言谈举止，是一个女孩好修养的体现

会说话的女孩很容易被周围的人接受，即便是她有着一颗不成熟的心灵，但是由于她的话语在出口之前已经经过了一番美丽的修饰，所以别人听起来也会感到悦耳，从而十分愿意与她亲近。

平时父母在教女儿如何更好地说话时，首先就要锻炼她的措辞。特别是在说一些别人不容易接受的话语时，更加需要用比较委婉的语言表达。父母可以让女孩看一些趣味词汇的书籍，多掌握一些表达的用语。在教导女孩说话注意用词恰当的同时，父母也应该留心自己的说话方式，在批评女孩的时候不能够说伤害她自尊心的话语。

除了用词要恰当之外，女孩在与人交流的时候，还应该有着流畅的表达能力。有的女孩言语表达能力差，说话总是磕磕巴巴。其实，流畅地表达自己的能力是可以培养的。父母可以买一些故事类的书籍给女孩，每天晚上让女孩在看完一个故事之后就合上书，然后重新把这个故事叙述一遍。久而久之，女孩就能够用流畅的语言来表达了。

柔和的语调也是语言表达很重要的一个方面，因为尖刻与强调的语调都会让听的一方感到厌烦。聪明的女孩子在与他人交谈的时候都会时刻注意自己声音的速度与力度，力求保持柔和，让语言像音符一般从口中流淌出来。

说话很容易，可是用美丽的语言表达出来就不那么简单了。这是一种语言能力，需要父母的尽心培养才能够达成的一种美丽。

另外，父母要培养女孩具有欣赏别人的意识。因为赞扬往往是在欣赏的基础上才会从内心里流露出来的。当女孩欣赏一个人的时候，自然地就会用比较优美的语言来表达心中的那份倾慕。

建议一：女孩不能嘲笑别人

有一句名言是这样说的："人性最深切的渴望，是得到别人的尊重。"每一个人都希望自己能够得到他人的认可和赏识，不分年龄、不分性别，谁都不想被别人嘲笑。

在家庭教育中，父母应该告诉女孩，嘲笑别人是一种不礼貌的行为。不仅如此，还要让女孩从心底里去除这种不好的言行方式。让女孩知道：不论是谁，都有缺点和优点，就算是自己，也有某种程度上的缺陷。今天你轻易地嘲笑他人，或许明天就会有另一个人来嘲笑你。因此，学会尊重彼此，这才是最重要的。

父母需要通过说理、举例、实地考察以及给出具体的方法来去除女孩心中对他人的偏见。不仅这样，还要让女孩知道，生活在世界上的每一个人都是平等的，每个人都有自己的人格，每一个人都不希望被别人嘲笑。树立女孩的平等观念是非常重要的。

建议二：女孩别随便叫别人的绰号

不同的人对绰号有着不同的理解，有的人认为，如果绰号没有恶意，而且还能够增进彼此之间的感情，那么用绰号来称呼也很合适。可是，并不是每个人都能够接受别人给自己取的绰号，虽然有一些绰号根本就没有恶意。因此，到了一定的阶段，父母就需要对女儿这方面的言行有所注意了。

绰号有时候叫起来是为了表示亲切，可是在使用的时候也要注意场合。平日里跟同学可以打打闹闹，但是到了正式的场合，就需要丢掉平时的习惯，改用对方的正式姓名来称呼。

其实，女孩之间所取的绰号还是以褒义的为多，一般都是某人在某一方面特别出众，所以被其他人冠以与之相关的称呼。这是人与人之间表达亲切之感的一种途径。可是也不排除一些女孩恶意地给别人取污辱性的外号，例如有同学说话的时候总是结结巴巴，孩子就叫这位同学“大结巴”。这种以他人缺点或者弱势而起外号的行为，不仅不礼貌，而且还会伤害到被取绰号人的自尊心。

在绰号表示亲切的情况下，私下的场合中可以相互称呼。当然，除了要注意场合之外，家长还需要教导女孩，尽量不要给别人取绰号，尤其是针对别人缺点的，就算是褒义的绰号，也需要在彼此关系不错的情况下才能考虑。

关于绰号，仁者见仁，智者见智，但是父母一定要告诉女孩：在叫别人外号的时候，一定分清场合和时机，不能带有恶意，更不能随便称呼。

妈妈要做女儿气质培养的第一人

说情感丰富是女孩独有的财富，这是有根据的。男性与女性还在妈妈的腹中发育时就已经开始有了明显的区别，这一点，美国著名的神经心理学家卢恩·布里曾丹在他的著作《女人的大脑》中就提到过。

卢恩指出，在母体怀孕的第八周开始，腹中的胎儿就会接收到性激素的影响。当性激素进入胎儿的大脑之后，雄性激素会降低与大脑交流中心的联系，而雌性激素则会增强这一点，强化情感、语言等表达能力。因此，一般情况下，女性比男性更具有表达的天赋，她们可以顺畅地将内心的情感表达出来，这也是情感丰富的另一种含义。

情感丰富有许多优点，女孩子具有了这些优点之后就有着男孩子所无法企及的自身财富。情感丰富的女孩一般心思比较细腻，在学习上一丝不苟，在其他方面也能够趋近于完美。她们对自己的要求往往非常高，不求最好，只求更好。

情感丰富的女孩还有着敏感的内心，她们对外界的感知力非常强，甚至从他人一个微笑的表情中就能够感受到这个人的情绪。正是因为这样，所以女孩子比男孩更能够体谅与倾听他人的诉说。情感丰富的女孩都有着善良且乐于帮助别人的热心肠，因为她们能够感受到他人的痛苦和不快乐。

在家庭教育中，父母需要培养自己的女儿做一个情感丰富的人。这样孩子在家里能够体谅父母的辛苦，在学校能够自觉地遵守纪律，努力学习。当同学有困难需要帮助的时候，情感丰富的女孩会第一个向他伸出援助之手。

正是因为心思细腻，对外界事物的感知力强，也因为敏感，所以情感丰富的女孩都有着一个善于思考的大脑。她们凡事都想要做到尽善尽美，在生活中不断地总结经验与教训，通过一次又一次的经历来自我完善，最终走向成熟。此外，在日常生活中，父母还需要让女孩在遇到事情的时候多站在对方的角度考虑，因为情感丰富的人一般都会有很强的感受他人情绪的能力。

总之，情感丰富是一件好事，与情感丰富的人交流感情比同那些不善于表达情感的人交流更加有趣。所以说，情感丰富是女孩独有的财富，父母在家庭教育中更应该加强对女儿这方面的培养。

在与女孩相处的过程中，父母应该善于发现孩子情绪的变化。假如自己的女儿是个内向敏感的孩子，那么她很有可能是一个情感极为丰富的人。然而由于内向，她内心丰富多彩的世界却不能够很好地表达出来。因此，父母需要着重加强对女孩的语言表达能力的训练，让孩子丰富的内心世界能够与外界进行互动。

虽然说情感丰富是女性特有的财富，可是父母后天的培养也是很重要的。想要让自己的女儿成为一个情感丰富的人，那么就要求她有丰富的精神世界，多读书是一个很好的途径。在书中与人物一同体验人间的悲喜，感受人物的快乐与悲伤，一起哭、一起笑。读完一本书以后还应该多多思考，从中学到更丰富的人生经验。

建议一：培养女孩的审美力，让女孩会美

一般情况下，女孩从三岁开始就有了对自我和外界的审美意识。从心理学的角度来讲，这一时期被称为审美敏感的时期。如果父母在这一段时间内没有对女孩进行正确的审美观教育，那么女孩的审美慢慢地就会出现偏差，最终偏离正轨。特别是女孩子，在审美敏感期内对自己的穿着打扮有着非常高的兴致，在这个时候，父母就应该给予她正确的指导，以免形成混乱的审美观。

孩子在审美敏感期的时候，父母一定要用正确的教育方式对其进行审美指导。例如，有的孩子因为好奇，会拿妈妈的化妆品在脸上随意地涂来涂去，把口红当眼影，却又把腮红当作口红来抹。这些其实都是孩子爱美的表现。父母看到这样的场景之后，千万不能大声地训斥她，而是要悉心地进行教导，告诉孩子：这些化妆品孩子以后也是可以拥有的，但是在现阶段必须以学业为重，不能把注意力都放在穿着打扮上面。

当看到自己美丽可爱的女儿正孜孜不倦地倾注于爱美的情绪中时，父母不能够袖手旁观，也不能以训斥的形式加以遏制，而是要给予孩子正确的审美教育，让孩子的审美观朝健康正确的方向发展。

建议二：不是每个女孩都会表现自己

有些孩子或者是因为胆子小，或是由于表达能力不足，在旁人面前不能尽情地展现自我，这对孩子来说是一个困扰。事实上，很多诸如这样的女孩子都有着很好的才华，只是她们不知道如何将这些才华展现出来罢了。

对于胆子小的女孩，父母要鼓励她勇于表现自己，还要亲自带着孩子做这方面的尝试，与孩子共同成长。而对于那些胆子本来就很大的女孩，父母则要培养她恰到好处地表现自己的能力，这样才能够做到让他人接受。

有的父母不懂得教育的理念，看到自己的女儿唯唯诺诺的时候，总是爱说“胆小如鼠”之类讽刺的话语，极大地伤害了孩子的自尊心。其实，表现的能力是可以慢慢培养出来的，只要父母用心，就没有不会表达的孩子。因此，在平日的家庭教育中，女孩在每次有所表现之后，父母都需要给予她适当的表扬，以增强孩子的自信。

仪态美是家庭教育的重要内容

建议一：坐姿展现女孩的优雅

坐姿是一种艺术，坐姿不好，直接影响到一个人的形象。对于女孩来说，这一点尤为重要。

在各种场合，都要力求坐得端正、稳重、温文尔雅，这是坐姿的最基本要求。

坐是以臀部作支点，借此减轻脚部对人体的支撑力。坐能使人们较长时间地工作，也是人们日常生活、社交中常用姿势之一。因此，端庄、优雅、舒适的坐姿很重要，良好的坐姿对保持健美的体形也大有益处。

坐时应克服不雅的坐姿。包括半躺半坐，前仰后倾，歪歪斜斜，两腿伸直跷起或双腿过于分开，翘二郎腿并颤腿摇腿，将两手夹在大腿中间或垫在大腿下，用脚勾着椅子腿，将脚放在沙发的扶手上等。不雅的坐姿给人轻浮且缺乏修养的印象，是失礼及不雅之举动。

容貌是天生的，但坐相却是可以更改的，坐相不佳会直接削减一个人的气质。因此，生活中的女性在社交场合中，只要意识到自己的一举一动都在别人的“监督”之下，就能时时注意约束自己，在潜移默化之中渐渐养成优雅的坐姿。

建议二：站姿展现女孩的美丽

站立是生活中最基本的举止，站姿是生活中静态造型的动作，女性站立的姿势美与不美，直接关系到女性的形象。因此，作为现代女性，在社交活动中站立不仅要挺拔，还要优美和典雅。

怎样才是正确的站立姿势呢？美姿动作的练习里，四分之三站姿的学习是非常重要的，许多其他的动作都经由这个标准的四分之三站姿而完成。其实，我们本来就很熟悉这样的姿态，但是若要取得一个较为标准的姿势，可以经由下列练习方法而得到。

面对镜子站立，两脚平伸与肩同宽。其中的右脚(左或右均可)往后走一步，脚尖朝身体的外侧与肩膀成平行线，前面的左脚收回与右脚成垂直线，左脚跟在右脚跟前一点点的位置，也就是从右脚尖到脚跟三分之二的位置。身体的重量交给右脚，或者说后面的脚承担，左脚较轻，两腿的膝盖都不可紧锁，保持弹性。反之，换左脚的姿势亦同。

另外，你还可以用以下的方法测验一下：把身体贴墙，后脑、肩、腰、臀部和脚跟等部位尽量贴近墙，使身体成为直线。站立时必须注意头要正，下颌微收，双眼直视前方，肩要平。切忌弯腰腆肚或耸乳突臀，否则你就会显得非常滑稽，又怎会有仪态可言？倘若你想让自己的身段看起来窈窕些，站立时可把身体稍微偏侧，一脚脚尖向前，两脚成45度角，挺起胸脯及挺直腰部，双手自然地垂下，腹和臀部都要尽量向内收缩，这样的站立姿势既美观又能使你看起来精神饱满。

当你已站立了一长段时间，开始感到疲倦，但却没有机会坐下休息时，有什么办法可以减轻疲劳感？这时你千万不要表现得无精打采，把身体随便靠向墙或其他可以靠的地方，因为这会使你的仪态大打折扣。你应将肩稍稍向后，这样会使你看来挺直及精神些，双脚可间歇交替变换站立姿势，在感觉上就会好些了。

站姿的功法主要在脚板及小腿上，所以，除金鸡独立外，还可以进一步强化训练：脱了鞋子，取个端正自然、自我感觉良好的姿势，然后，提起一只鞋，将体重完全放在另一只脚上，脚跟弯曲，脚尖向上，反复做弯曲、向上的动作，每只脚做15次，双脚轮换进行。这样，一个平稳、优美的立姿就会练出来。作为女孩，保持身体正直、挺胸收腹，才是好的立姿。弯腰驼背，左右摇晃，或者斜靠在柱子或墙壁上，都会给人一种懒散、轻薄的感觉，根本无美感可言，所以是不可取的。

第六章

自尊的女孩更易获得尊重

——民主的家庭环境是培养女孩自尊的最好土壤

妈妈少些唠叨，要学会尊重女孩

研究表明，3岁孩子已经具有初步的主客体分化能力，开始具有“自我意识”，一方面他们逐渐能够区别“自己”与“他人”的不同，通过把自己与别人进行比较来确认自己，这明显地表现在伙伴关系中；另一方面，也为孩子能把社会上既成的道德规范、行为准则、长辈对他们的态度、奖励与惩罚等作为参照来评价自己，同时，提供了心理上的可能性。

帮助孩子发展正面的自我评价是父母所能给予孩子的最好的礼物，也是孩子一辈子的礼物！孩子若觉得自己很能干，很有成就，而且父母对孩子的评价很好，就能培养孩子的高情商，为孩子在未来社会中成为一个快乐的强者打下基础。

孩子的自我评价是从童年开始的，随着年龄的增长而不断发展。父母是孩子发展自我评价的最关键因素，能影响孩子发展出积极的或消极的自我评价。

如何帮助孩子建立积极的自我评价呢？重点在父母所必须有的态度、技巧和行为上。

第一，建立父母的自尊心。首先要建立父母的自尊心，建立父母的良好自我感觉，正视自己的优缺点，爱自己、爱别人，这样才能帮助孩子建立自尊心。孩子小时候会受到父母方方面面的影响，父母若不注意对孩子的自尊心——正面的自我评价的培养与建立，则孩子可能会发展成一个负面的消极的人。罗曼雷特说："我们对自己的看法是从成串的记忆而来的。从小时候，我们就开始对自己、别人及整个世界产生概念及态度。我们的自尊心也是由一连串的态度所组成的——有些是有益的，有些则没有。我们的心会记住每一次经验。也许我们没有察觉，但事实却是如此。"

第二，从尊重开始。建立孩子的自尊要先从尊重孩子开始。孩子虽然不成熟，但他们也是人，和我们一样有感觉，需要被尊重。尊重表示看重对方的价值。每个孩子都是具有独特天赋、气质与个性的个体。去挖掘孩子的想法和感觉是件很有趣的事。孩子是个很好的思想家，而且对生命的看法也很新鲜、很乐观。

第三，重视感觉。不要否定或疏忽孩子的消极感受。如果你的女儿很生气，就对她说："你的声音听起来好像在生气。"那她就会把心扉打开，告诉你她为什么生气。承认怒气是处理怒气的第一步，否定怒气则无法处理怒气、解决问题。除了倾听孩子消极的感觉（就像愤怒）以外，要特别注意让她有时间把这感觉消除掉。你生气时，有时候需要一段时间才能平静下来，小孩子也是一样。

认真研究你的女儿，发现她们之间的差异，并且欣赏她们的特质。把每个孩子身上的特质和性格列出来，然后一一告诉每个孩子你是多么欣赏她们。

孩子都有一些奇奇怪怪的想法。孩子会老老实实地把她心里的想法以及她为什么会有这种想法告诉你。她们需要别人倾听与尊重她们的想法，但这并不表示你一定要认同。你平常和她们在一起时，要能听得进她们的意见。

家长应该注意培养女孩解决问题的能力，不要老是想为孩子解决问题，让她们自己决定并尝到决定后的结果，以后她们才会做出正确的选择。在某些小事上准许孩子有正反两面的考虑，并且让她们自己来决定。

建议一：尊重女孩的情绪

婴儿时代，女孩常常用哭来表达她们感情上或身体上的痛苦。如尿布湿了，感觉到饿了、冷了，或者是孤独了，女孩都会哭。这时，由于女孩还不会表达，父母总会去耐心地寻找原因，直到她们不哭不闹为止。

当女孩会说话之后，她们哭闹的原因也复杂起来，有时是因为她需要父母的关注，有时是她感觉父母不再爱她了，有时还可能是因为她与小伙伴之间发生了误会等。但此时的父母开始不相信女孩，他们开始否认女孩的情绪。如他们经常这样对女儿说：

“你一定不是这样感觉的！”

“你一定是装的！”

“没事的，打针一点都不痛！”

……

于是，在情绪被父母否定之后，女孩开始变得不再喜欢与父母合作，她们有时甚至会像小男孩那样跟父母对着干。这时，父母开始疑惑了：“我的女儿为什么越来越不听话呢？”

其实，并不是我们的女儿越来越不听话，而是她们长大了，她们有了自我意识。当她们的感觉、情绪被父母否定后，她们就会不高兴，于是便有了不与父母合作的行为。所以，要想让我们的女儿一直做“乖乖女”，父母就要学会尊重她们的自我意识、尊重她们的情绪。

与男孩相比，女孩要敏感得多，当她的感觉和情绪被父母否定之后，她的反应要比男孩强烈得多。因此，有时，认同她的感觉和情绪，往往是促使女孩更乐意与父母合作的主要因素。

女孩是需要发泄情绪的，因此，家长们应该注意为女孩建立疏导情绪的方式，比如让女孩去户外大喊大叫地疯跑等。有的时候女孩们会破坏东西，这也是和她们的情绪息息相关的。家长们应该善于读懂这背后的“隐语”，不要急于批评和改正女孩的错误。

情绪发泄与批评之后，一定要让女孩诚实无讳地面对现实，家长要在女孩情绪平复后，耐心地跟她分享事情的始末，找出存在的问题，帮助女孩慢慢养成自我控制情绪的能力。

父母可以尝试在游戏中让女孩宣泄深藏的情绪，在活泼大笑之后，孩子会感受到父母对自己的爱，感到安全。此时，孩子会用某种方式袒露内心的郁结。比如，她可能坚持要穿一件还没洗好的裙子，是因为她想通过这种方式让父母知道她的烦恼。此时父母应该关心地接近孩子，孩子可能会抓住这个机会大哭一次。这时父母必须有极高的耐力。这种发作，很可能是好事。发作后，孩子会卸掉一个负担，她们会和父母更亲近。

建议二：尊重女孩的天性

爱玩并不一定与学习相冲突。如果过度地压抑孩子爱玩的天性，反而会让女孩过度抵触，造成消极的情绪。

适当的奖励和协调，可以使孩子的游戏时间分配得更合理。但这不是长久之计，一味地奖励，会让孩子对奖赏制度产生一种变本加厉的欲望。最根本的解决办法，还是让孩子可以自我认识，自我调节。

音乐巨人贝多芬说过："使人幸福的是德性并非金钱。"那么，对于一个孩子来说，违背她的意愿，过早地过多地逼着她去参加各种各样的兴趣班和辅导班，她会幸福吗？有些父母在孩子很小的时候就给他们报了钢琴、画画、舞蹈和书法兴趣班，还报了游泳，甚至跆拳道，“怎么样，我对你够重视了吧？我舍得为你投资，你可不能让我失望啊！”还有一些父母看到别人家的孩子都在学，那自家的孩子也得去学，总不能让自己的孩子“输在起跑线上”吧？于是社会上出现了前所未有的“儿童启蒙教育热”。孩子们的双休日没有了，忙得像只陀螺。到他们正式上学了，变得只会习惯性地听从老师和父母的安排，被动地接受学习。他们的创造性呢？他们的主动性呢？试问，如果你就是那个孩子，你还会有那么多的创造性和主动性吗？

给我们的孩子一些自由支配的时间吧，让他们去亲近大自然，享受春天和煦的阳光，让他们切实感受到自然的美丽，生活的美好。让他们玩吧，如果你想让你的孩子成为一个健康的公民，首先要尊重孩子爱玩的天性，把玩的权利还给孩子！如果你自己能以玩伴的身份给你的孩子提出一些有益的建议，和你的孩子共同成长，那是最好不过了。

历来，教育专家都提倡“寓教于乐”，特别对于一个未成年人，父母更应该用“在玩中学，在学中玩”一类有益的方式激励孩子自发地热爱学习。千万不要用围追堵截的方式，使孩子们从小萌生“怕学习，怕老师”的想法，那真的会影响孩子的一生。

引导女孩建立自我价值观

我们让女孩刻苦学习，目的是树立“实现自我”的价值观，而不是为了获得物质的丰硕，如果是那样，当女孩达不到物质目标的时候，就会选择“人生投机”行为。这样的女孩，不但不能实现自我，而且也难找到幸福。物质的富有，经过努力是可以获得的，但失去自我的人，则很难获得精神的富有。

让女孩知道自己的独特。告诉你的女儿，每个人在世界上都是独一无二的，都是世界上最优秀的，没有什么障碍能阻挡有成功信念的人。

父母需要主动地将基本的价值观和行为方式教给女孩，以便于女孩在社会上成长。当然，在这方面，身教胜于言传，我们可以做女孩的好榜样。

建议一：不要把父母的意志强加给孩子

当父母在聊天时抱怨孩子过于依赖父母，性格太骄纵，担心孩子长大后走入社会受不了压力的时候，有没有想到，孩子之所以变成今天这样骄纵、蛮横无理外加依赖父母，是父母的宠溺，以及过于为孩子操心造成的？

我们都知道，孩子如果过于依赖父母，性格上又霸道无理的话，长大后步入社会是会吃亏的。如果父母意识到自己目前正在做的一切事情都可能影响到孩子的未来的话，应该立马“刹车”，改变自己对待孩子以及教育孩子的方式。

父母为包办孩子的一切，绝对是孩子自尊心的伤害。如果你真正爱你的孩子，真的为孩子考虑，就请放开为孩子包办一切的手，不要用爱的名义断送孩子一生的幸福。

溺爱孩子，最终只会毁了孩子。无论孩子在做任何事情，父母只需要在旁引导看待事情以及处理事情的方式，而不需要太亲力亲为，最后变成父母包办了一切，这样孩子的独立能力就无法得到锻炼，霸道无理的性格也不会得到改善。所以，请父母给孩子一定的空间，适当地放开孩子的手，让孩子独立去面对学习和一些事情吧。

建议二：父母要学会用表扬的方式引导孩子

孩子们都喜欢表扬和夸奖，但实事求是的表扬更有教育意义。如果家长从实际出发，表扬孩子的每一句话都是真实可信的，被表扬的孩子才能深受感染并产生进步的动力，激发前进的欲望。因此，教师和家长对学生表扬之前，要注重对事实进行深入的调查研究和全面了解，不可随意地、不切实际地对孩子进行表扬和夸奖。

表扬要具体，要表扬出孩子在具体行为中反映出的精神。对孩子的表扬要具体实际，才更有说服力。切忌用宽泛简单的语言对孩子进行表扬，如“你太好了”“你是最棒的”等等，这些语言就没有针对性。要结合孩子进步的实际表现进行表扬，例如：“你帮助其他同学，这样做是对的”或“你今天上课很认真，进步不小”。这些赞扬的话语内容具体，可以很好地激励她们快乐地生活。

表扬的形式要多种多样。表扬通常以口头表扬为主，但不仅限于此，手势、表情、纸条等都可以使用。不同形式的表扬可以收到异曲同工的效果。如表扬女孩有进步，可以说：“嗯，不错！”可以向她竖大拇指，可以向她显露惊喜之色，可以向她微笑点头，让女孩在无声的关爱中有新收获，有新进步。夸奖女孩不一定要用夸张的语言，有时候一个温馨的眼神、一个赞许的微笑、一个肯定的点头都能让她们找到自信，体会到被肯定、被尊重的感觉！

妈妈教女孩维护尊严

罗素说：“自尊，迄今为止一直是少数人所必备的一种德性。凡是在权利不平等的地方，都不可能在服从于其他人统治的那些人的身上找到。”自尊不仅仅是一个人存活于世的根基，更是反抗不平等规则和强权势力的筹码。在尊严面前，任何强制手段和不公平的现象都会自毁其形，黯然失色。也正因为如此，保持尊严对每个人都尤为重要。

相信每个女孩都非常珍爱自己的尊严和平等的权利，那么当它们受到侵犯时，她们就一定要奋力抗争。要做一个有出息、有尊严的人，就要在每一件事情上尊重自己，维护自己的那份尊严。

建议一：尊重自己，也要尊重他人

德国哲学家叔本华说过："要尊重每一个人，无论他是何等的卑微和可笑。要记住，活在每个人身上的是与你我相同的性灵。"无论你可能确信什么，你都必须确信一点：在自尊心方面，别人和你一模一样，不存在高低贵贱之分。懂得尊重每一个人是一种美德，拥有这种美德的人必将得到大家的尊重。

每个人都是独立的，都是"我"，都有自己的尊严，并且需要别人尊重。

纽约电话公司曾就电话对话做过一项调查，看在现实生活中哪个字的使用频率最高。在500个电话对话中，"我"这个字眼使用了大约3950次。这说明，不管你是什么人，不管你实际状况如何，你在内心都是非常重视自己的。

由于这样地重视自己，所以在与别人，也就是另外一个独立的"我"接触时，我们往往会不自觉地抬高自己，而或多或少否定了别人。你的朋友爱跳舞，所以在舞厅里，你热情地赞扬她，并鼓励她上台展示；但你爱唱歌，在KTV的时候，你就会习惯性地成为"麦霸"，而忽视了朋友的感受。这样的小细节，在生活中还有很多。它细小到我们几乎感受不到，但却是真正彰显"尊重"一词的绝佳时刻。时刻想到别人也是一个值得尊重的"我"，像自己一样，你就会关注到别人的每个需要尊重的时刻，给别人的心里增添一份温暖和感动。

教育女孩不要轻易地抬高自己，否定别人，应该看到在自尊、自爱方面别人和你是一样的，每个人都是一个“我”，需要我们真诚对待。

请告诉女孩尊严无小事

教育专家崔宇说：“自尊心是孩子的生命之根，如果树根烂了，生命还有希望吗？”所言极是。尤其是女孩子，自尊心是她们成长过程中“变好”还是“变坏”的关键。一个没有自尊心的女孩子是可怕的，她可能会什么都不在乎，做错了事情也不想去吸取教训改正自己，从来不会想到自己的行为会对父母造成什么影响，更不觉得荣誉和别人的赞扬有什么值得追求的。如果女孩到了这样的境地，就真的难以挽回了。

当然，绝大多数女孩都是自尊心极强的，如果女孩常常因为委屈而哭泣，对自己的成绩不满意等等，就说明她有很强的自尊心。父母需要做的就是去引导孩子保护好自己的自尊。靠什么来保护？靠自己的努力和行动。比尔·盖茨和唐骏这些商业界的精英们都说过，这个世界是不公平的，没有人在乎你的自尊心，除非你能证明自己。可以说，没有行动力的人是无法和他谈自尊的，一个人只有用行动去证明自己，他才能维护好自尊。

《简·爱》是外国文学中的佳作，讲述了一个自尊自强的女孩的故事。孤女简从小失去父母，寄住在舅妈家，不久又被舅妈送去了孤儿院，受尽了不公平的待遇，小小年纪就承受了别人无法想象的委屈和痛苦。成年后，她成了桑菲尔德庄园的家庭教师。纯洁、热情、坦率、爱好真理的简爱上了雇主罗彻斯特。简有一段很有名的表白，成为现在很多女孩的座右铭：

“你难道认为，我会留下来甘愿做一个对你来说无足轻重的人？你以为我是一个机器？—— 一个没有感情的机器？能够容忍别人把一口面包从我嘴里抢走，把一滴生命之水从我杯子里泼掉？难道就因为我一贫如洗、默默无闻、长相平庸、个子矮小，就没有灵魂，没有心肠了？——你不是想错了吗？——我的心灵跟你一样丰富，我的心胸跟你一样充实！要是上帝赐予我一点姿色和充足的财富，我会使你同我现在一样难分难舍，我不是根据习俗、常规，甚至也不是以血肉之躯同你说话，而是我的灵魂同你的灵魂在对话，就仿佛我们两人穿过坟墓，站在上帝脚下，彼此平等——本来就如此！”

简的气魄和才情得到了无数读者的欣赏，而她的表白更是代表着无数女孩的心声。相信任何父母如果拥有这样一位女儿，即使她其貌不扬，也一定是令你感到无比骄傲的。如果你的女儿心中暗藏着这种自尊之心，你不用担心她会在财富和名誉面前丧失自我，因为她会一直奋斗，直到得到自己想要的生活。

女孩要在事业上取得一定的成就，首先就是要懂得欣赏自己，尊重自己。而教育者如果能够很好地树立女孩子的自尊心，就像给女孩的生命中植入了一个永动器，它会源源不断地给女孩输入行动的力量，而行动又将帮助她更好地确认自己，得到更多。

建议一：丢失什么都不能丢失尊严

俄国现代主义艺术大师屠格涅夫说过："自尊自爱，作为一种力求完善的动力，却是一切伟大事业的渊源。"一个坚守自己尊严的人，不为表面的浮夸或者诱惑所改变立场的人，必定是一个有品格的人，内心坚定的人，对企业、对社会有责任感的人。也只有这样的人，才会在繁杂的工作生活中，保持自己的独特个性，形成自己的风格，做出更大的成就。

每个人在生活中，都或多或少会碰到尊严被侵犯的情况，那么，我们该如何维护自己的尊严呢？

不卑不亢是自尊的表现。如果你面对的是一个跟你一样的普通人，那么你应当跟他友好交谈，亲切问候他；如果你遇到了一个讨饭的乞丐，不要斜眼鄙视，满脸傲气，他也有属于自己的尊严，你应该像对待普通人一样正眼相对；如果你遇到了一个富贵华丽的有钱人或者高官，不要低头，不要谦卑，应大方应对，礼貌待人，让他通过你的话语和行为看到你简朴外表下的尊贵灵魂；如果你遇到了一个傲慢至极的人，对你骂骂咧咧，十分粗鲁，那么你应克制自己，用绅士的礼节来对待他，让他感受到自己的龌龊，从心底开始尊敬你。

对任何人，都要保持一颗平等的心，不轻易低头，也不总是昂头，平视前方，用水平线上的目光来看待周围的人。不让自己过低，也克制自己过高，把尊严当成一道线，自己时刻处于线上，无论惊涛骇浪，风起云涌，那道线始终在那。这样，很久之后，你就会发现，你的这条线已经高过了很多人的，已经成了所有人都能看到的标杆。

建议二：告诉女孩可以穷活着，但不可以没尊严地活着

无论何时，最要紧的是自尊。懂得自己尊重自己，哪怕在你处于困境中时，也不能因为困难而没有尊严地接受别人的施舍。有尊严地接受，不贪图不劳而获的钱财，不做出卑躬屈膝的行为，而是坦荡自如地接受属于自己的那份劳动成果，这才是一个人格完善的人该做的。

可以贫穷，但不能失去自尊。

自尊，是人的一种美德，是无价的，是人最珍贵的、最高尚的东西。

一个人如果没有自尊，他就会自卑、自馁，就不会爱惜自己，就会自暴自弃，什么也不干，什么也干不成。

一个人如果没有自尊，就不会自敬，就会盲目服从，人云亦云，没有自己独立的思想和主见，因此，其骨子里散发的就只有“奴气”，如此，你怎么让人正视你、尊重你？“自敬，则人敬之；自慢，则人慢之。”这是一条千古颠扑不破的真理。

当然，自尊不等于唯我独尊，不等于刚愎自用，更不等于自负、自我夸大。一个人如果总是过于自爱自贵，最后总是要失败的。

因此，无论女孩今后的日子是富贵还是贫穷，都要保持做人的尊严，唯有女孩自己自敬自尊，才会得到他人的尊敬。希望女孩牢牢记住：你把自己看成什么，你在别人的眼里就是什么。

第七章

好习惯胜过好老师

——好习惯让女孩成为受欢迎的人

女孩的小毛病妈妈全知道

有一句谚语：“早起的鸟儿有虫吃。”无论对女儿多么娇生惯养，父母也绝不会认为懒惰是女孩的好品质。劳动观念的培养，需要父母对女孩从小就进行，教会女孩勤劳，就是给了女孩一个成功的法宝。让女孩懂得“懒散如酸醋，会软化精神的钙质；勤奋像火炬，能燃起智慧的火焰”。没有勤劳的品质，即使家财万贯，也有坐吃山空彻底穷困的一天。唯有勤劳才能使女孩生活富足。

孩童时期是培养女孩自理能力的关键期。通常女孩到三四岁时，已经萌发出自信心和独立性，许多事情都想要自己动手做，这时父母要及时鼓励女孩，及早让女孩学会自己的事情自己干，在实际生活的实践中，培养女孩勤劳的习惯。

建议一：让毛躁的女孩慢下来

现在有些女孩，看到一部小说在社会上引起强烈反响，就想学习文学创作；看到电脑专业在科研中应用广泛，就想学习电脑技术；看到外语在对外交往中起重要作用，又想学习外语；想当歌星，又想当企业家、老板，今天学电脑，明天学绘画……由于她们对学习的长期性、艰巨性缺乏应有的认识和思想准备，只想“速成”，一旦遇到困难，便失去信心，打退堂鼓，最后哪一种技能都没学成。

俗语说得好，“罗马不是一天建成的”。太过于急躁，会使得青少年离成功越来越远。但是在今天这个一直在提速的时代，渴望“一天建成一个罗马”的青年却越来越多。浮躁心理成了当前一些青少年的通病之一，表现为行动盲目、缺乏思考和计划、做事心神不定、缺乏恒心和毅力、见异思迁、急于求成、不能脚踏实地。浮躁的人自我控制力差，容易发火，不但影响学习和事业，还影响人际关系和身心健康，其害处可谓之大。轻浮、急躁，对什么事都深入不进去，只知其一，不究其二，往往会给学习、生活带来损失。

急于求成只会导致最终的失败，所以我们不妨放远眼光，注重自身知识的积累，厚积薄发，自然会水到渠成，达到自己的目标。

家长要让自己的孩子明白，切勿浮躁，遇事除了要用心用力去做，还应顺其自然，才能够成功。

一般来说，毛躁的孩子在情绪上表现出一种急躁心态，急功近利。经常与他人攀比，并显示出焦虑不安的心情，由于极度不安，经常会以情绪取代理智，因而使得行动具有盲目性。行动之前缺乏思考，有时做出违反纪律甚至法律的事情。毛躁的孩子面对学习任务和人际关系，不知所为，心中无底，恐慌得很，对前途毫无信心，干什么事都没有常性，今天学绘画，明天学电脑，“三天打鱼，两天晒网”，忽冷忽热。

粗心毛躁是不少孩子都存在的问题，也让不少父母操心。其实，要改掉孩子毛躁的坏习惯，就要先弄清楚为什么孩子会表现得毛毛躁躁。

通常来说，做事毛躁的孩子思维都比较敏捷，他们经常是在手中做着一件事的时候脑子里同时又想到了另外的几件事。但因为欠缺理性的思考能力和计划性，所以做事就显得朝三暮四，或是把几件事同时进行，最终哪一件都难以完成。

因而，家长要注意引导孩子做事的计划性。父母应给孩子讲，一个人不管做什么事，都应有一个周密的计划，先做什么、后做什么、事前做哪些准备、如何开始等等。也可以告诉孩子做事之前用一小纸条写上自己要用的物品及时间安排等。这样做会对克服做事马虎、毛躁、毛手毛脚、慌慌张张、丢三落四的毛病，产生事半功倍的良好效果。

再有，想让孩子静下来，家长首先自己要静下来。如果家长就是个急性子，平时生活当中没有耐心等着孩子把事情做完，一个劲地催孩子，长此以往，孩子就难免毛毛躁躁。孩子做事的时候家长在旁边着急教训着，这对孩子的专心就是一种干扰。所以，家长要容忍孩子的“慢动作”，不要因为嫌孩子动作慢就越俎代庖帮孩子完成他正在做的事情，给孩子充分的时间，让他一个人独立地完成自己的事情。

孩子做事毛躁的个性很多时候是来自家庭环境的影响。有些家长自身的条理性比较差，做事也存在同样的毛病，家里的物品存放零乱没有规律，因而也就没有给孩子从小养成良好的习惯。所以家长们应该要注意自身做事的条理性，给孩子创造一个整洁有序的家庭环境。除此之外，家长还可以通过一些比较有意思的方法督促孩子养成行动之前先思考、做事从一而终的习惯，比如可以通过一些家庭比赛：比一比家里谁吃完饭碗最干净，和孩子下盘棋，提前告诉孩子下棋时一定想好了才能动手，一旦决定了，就不能反悔等等，改掉孩子做事毛躁的坏习惯。

建议二：没有人喜欢丢三落四的女孩

有小朋友的家庭是很容易看出来的，往往沙发上放着玩具，桌子上有很多零食，孩子的用具随处可见。有了小宝贝，再想让整个家庭保持二人世界的浪漫和情调已经成了一件不可能的事情。但随着孩子的长大，有的家庭恢复了规整，有的家庭却“十面埋伏”，总能在某个角落冒出孩子的书本、文具来。

其实，只要方法得当，孩子的东西是能够很好地归类的。

对于那些低龄的女孩来说，妈妈们要培养其物归原处的习惯，先要自己做好示范。比如说，女孩要灰太狼玩偶的时候，妈妈最好能每次从同一个地方比如摇篮下面的储物层拿出来，这样孩子就能形成灰太狼放在储物层的概念。她们自己就会动手拿。如果孩子忘了放回去，妈妈可以提醒她："灰太狼可能想要回家啦。"孩子就能明白妈妈的意思是要把灰太狼放回到原处，也很愿意帮助灰太狼回家。

其实人小时候的培养都是生活习惯的培养。小时候培养了良好的生活习惯，孩子在独立之后，更能掌控自己的生活。这种投资是利益长远的，值得妈妈们耐心地去做。

心理学家说，一个习惯的培养需要21天的重复，也就是说女孩要培养一个哪里拿哪里放的习惯，大概需要3周的时间。妈妈需要有耐心，不能1周之内总是大发脾气说"提醒了多少次你都记不住，真是没用的东西"这样的话，这只会打消女孩的积极性，对培养好习惯一点效果也没有。女孩一两次没有做好也没关系，当她有意无意地物归原处了一次之后，妈妈最好能表达一下高兴的心情："这次我很快就找到你的球鞋了，真好！"女孩会觉得自己的行为给家人带来了方便，也会感到骄傲的。

小毛病容易累积成大错误

女孩有小毛病、小缺点时，家长不放在心上，或只是草草了事，根本没有把这件事认真放在心上，常常心存侥幸，认为只是微不足道的小事，天长日久，小毛病变成大错误，岂不是养虎为患吗？这样因小失大，太不值得。这样的家长有，绝对有，总是声称没太大问题，等等，再等等，结果等下去的结果是让事情没能在该抑制时得到抑制，留下了后患，这样不想发生的事情，等到真的发生到那一天，再悔再叹，却已是悔之晚矣！有这样一则故事：

在一次攀峰比赛中，一位勇者发誓要攀登一座高峰，在众人期待的目光中，他出发了。

长途跋涉中，恶劣的气候没有使他退缩，陡峭的岩壁没能阻碍他前行，难耐的孤寂没有动摇他坚定的信念，疲惫与饥寒没有使他畏惧。然而，最终他没能登上那座高峰，使他放弃的原因竟是鞋中的一粒沙。

不知何时，他的鞋里落入一粒沙，他原本有时间和机会把那粒沙从鞋里倒出来，可是在我们的勇士眼中，它实在是太微不足道了，勇士没理由为一粒沙停下来耽搁时间。的确，比起勇士所遇到的其他困难，那粒沙的存在简直可以忽略不计。然而，越走下去那粒沙变得越来越磨脚，最后每走一步都伴随着锥心刺骨般的疼痛。这时，勇士不得不停下脚步，清除沙粒。然而，为时已晚了，我们的勇士惊异地发现，他的脚已经破皮、红肿。沙被清除出去了，可是脚上的伤口却感染了，痛得钻心……最后，除了放弃，他别无选择。

读完这个故事，许多人会为勇士的遭遇感到惋惜，但父母更应该从他的遭遇中吸取教训。

古语说得好："小水不防，大雨围房""小窟窿不堵要摧坝，小毛病不改要犯法"，指的就是小错误和小毛病要趁早改，以免生出大错误，到时再改就迟了。父母如果发现女孩的小毛病，应该及时纠正。如果任由其发展，必然会对女孩以后的成长、交际以及生活和学习带来不好的影响。

建议一：女孩爱说谎不是小毛病

教育女孩要诚实是家庭教育中的重要内容，要想让女孩诚实，家长应该多注重平常的小事，而不应等到发现女孩说谎之后再来补救，做父母的应当允许女孩犯错，但是要心平气和地与女孩一起分析犯错的原因，帮助女孩克服说谎的毛病。

现实中，由于各种原因，有时女孩会说谎。作为家长，如何对待女孩说谎呢？是大声斥责、严厉批评，还是心平气和地引导女孩知错的心理觉醒呢？

当你发现女孩说谎时，是否想过用间接婉转的方式，来使女孩从内心深处认识到自己说谎是错误的，从而产生要诚实的良知？

女孩子说谎是一个很严重的问题，而且一旦说谎成了女孩的习惯，那就很难戒除了。所以，面对女孩说谎的问题，父母们一定要抱着认真的态度去处理。

教育说谎话的女孩，一定要注意批评的技巧，切不可一味地批评和打骂。

当发现女孩说谎时，父母一定要弄清楚女孩说谎的原因，一般情况下，女孩说谎是模仿成人行为的结果。父母在日常生活中由于应付某些特殊情况而不得不讲假话时，女孩如果不加分析、判断就会全盘模仿。

此外还有可能是为了逃避责任，免遭打骂和惩罚。女孩有时是在环境的压迫下才说谎的，而且只有发现说谎可以逃避责任、免遭打骂和惩罚时，她们才真正有意识地说起谎来。

针对这一点，家长可以对女孩说："说谎的人会失去别人的信任。"以此来增强女孩的自律意识，使女孩能够自觉地改变说谎的坏习惯。

家长要把握女孩说谎的心理原因。女孩的谎言并非都与"品德不端"有关。许多时候，女孩说谎的最初原因可能在家长身上，也可能是无意中模仿大人的不实之词；或出于自我保护的本能；或为了迎合家长的过高期望，满足某种虚荣心。当发现女孩说谎的时候，家长要正确理解并加以引导，根据不同情况客观分析，对她进行正确的教育，即使女孩犯错，只要说了真话，就应肯定她的表现，并引导她不断完善自己。

对于女孩无意识的说谎，家长不要过分追究。因为随着认识能力的提高，这种现象会慢慢消失。而对于有意说谎的女孩，则要严肃对待。有意说谎通常带有明显的欺骗目的，当她们知道一旦讲出事实真相将要受到惩罚时，就可能用谎言来掩盖事实；或者，当女孩意识到不隐瞒事实将得不到社会承认或家长表扬时，也可能采用说谎的手法。

建议二：告诉女孩不要贪图小便宜

平时家长应该找机会与女孩正式地讨论关于偷窃问题：不动别人的东西是我们所生存社会的公共准则，大家都必须遵守。

“那我确实很喜欢那件东西怎么办？”——任何一个人不可能得到自己希望的一切事物，每一个人都不得不学会克制自己的欲望，每个人都在克制着自己的欲望，你并不是世界上唯一不能满足愿望的人，日常生活中谁都会遇到自己心爱的东西，人人都不问自取的话，社会就乱套了，你自己心爱的东西也会被别人拿走。

“那我通过什么正当途径来获得呢？”——买，自己努力学习好本领，将来长大了自己挣钱买！小孩子注重的应该是精神食粮，我们大人看哪个孩子好的标准是谁的精神世界最丰富、谁懂的道理最多、谁知道的事情最多、谁最善良正直、谁最乐观向上、谁的成绩最好等，而不是看谁的玩具最多、文具最好、衣服最贵等，因为这些都不是她自己挣的，都是她父母买的。

“那我确实是无意把同学的东西带回家了。”——家长立即表现得深恶痛绝、难过以及对失主的歉意，十分严肃认真地迅速做出决定：赶紧还给人家，向人家道歉，解释清楚，并要求孩子做出保证：接受教训，今后永不再犯！

让女孩在体会被惩罚之中感受教育，或者让孩子将其最心爱之物找来，当面扔进垃圾堆：“请你感受一下属于你的东西永远不属于你的滋味。”

事后，父母应耐心找女孩谈话，了解她为什么拿人家的东西，针对问题进行教育。例如，儿童真正需要的是情感和关注，而不是某件东西；那么，父母或老师就应更多地给予热情关怀，让她感到温暖体贴，逐渐克服为了求得人们注意而产生的偷窃行为。如果女孩的偷窃行为是由于父母乱放钱物的引诱，或是偷了没有及时被家长发现给予制止所引起的；那么，父母一方面应减少或消除这种引诱，另一方面要细心观察并发现女孩的不良行为，及时给予教育。

不要只是粗暴地辱骂她或严厉地惩罚她，或者限制她的一切行动，冷淡、厌弃她，不去细致地了解她之所以产生偷窃行为的内在理由。贪图小利会让女孩们目光短浅，无法获得长期的成功和最终的幸福。

家长要告诉自己的女儿：不属于自己的，不应该自己得到的，就不要出于各种目的去占有。这样的信条值得一生奉行。

家长高尚的人格，平时良好的生活习惯，就是女孩的一个表率。如果有贪图小便宜的父母，今天看了邻居家的葱很好，顺手拿了一根，明天因为买东西少付了钱而欣喜若狂，这样的家长教育出来的女孩，也会像他们一样贪图小利。

培养女孩好的习惯要靠妈妈的耐心

经常听到有人说："没什么大不了的！小毛病人人都有！"现实生活中，对此抱着无所谓态度的人很多，你是否又是其中的一个？

美国著名的心理学家威廉·詹姆士说："播种行为，收获习惯；播种习惯，收获性格；播种性格，收获命运。"一种好习惯可以成就人的一生，一种坏习惯也可以葬送人的一生。

试想，一个爱睡懒觉、生活懒散又没有规律的人，怎么约束自己勤奋学习和工作？一个不爱阅读、不关心身外世界的人，能有怎样的胸襟和见识？一个自以为是、目中无人的人，如何去和别人合作、沟通？一个杂乱无章、思维混乱的人，做起事来的效率会有多高？一个不爱独立思考、人云亦云的人，能有多大的智慧和判断能力？

古希腊伟大的哲学家柏拉图曾告诫一个游荡的青年说："人是习惯的奴隶，一种习惯养成后，就再也无法改变过来。"那个青年回答："逢场作戏有什么关系呢？"这位哲学家立刻正色道："不然，一件事一经尝试，就会逐渐成为习惯，那就不是小事啦！"

坏习惯就像是身后的尾巴，一直紧紧跟着你，等你发现它严重影响了你的生活，才想到要摆脱时，一切恐怕就难以挽回了。要知道，习惯的养成是一个不断重复的过程，每一次，当我们重复相同的行为时，就等于强化了这一行为，最终，就成了根深蒂固的习惯，把我们的思想与行为也缠得死死的。

正如英国桂冠诗人德莱敦在300多年前所说的：“首先我们养出了习惯，随后习惯养出了我们。”我们是从习惯中走出的，所以，如果想要拥有一个美丽的人生，就需要养成好习惯，那么，从现在开始，我们就要改掉坏习惯。

“那如何改掉坏习惯呢？”很多人都问过同样的问题。想要让坏习惯不再如影随形，那就要向自己排解了。

不妨从以下几点出发：

1.从思想深处认清不良习惯的危害性，清楚不良习惯会影响人的身心健康或左右人的行为方式，以争取自觉树立起戒除不良习惯的意识。

2.以好习惯取代坏习惯。坏习惯之所以存在是因为它能够在一定程度上使你得到一种心理上的满足，例如懒惰，所以，如果要与坏习惯彻底告别，可以找一个同样使你感到满意的习惯来取代它。

3.求得支持。许多戒除不良习惯者体会到，别人的支持十分重要，是防止复发的有效手段。这种支持可以来自家庭、朋友和志同道合的同事。

4.避开诱因。如果你总喜欢在晚上喝咖啡或饮茶，这样极容易使人兴奋因而影响睡眠，你就可以改喝白开水和果汁；如果你和一些朋友在一起，就想说话聊天而影响做作业，你就要试着改改对象。

5.自我奖励。取得小成功——如坚持练琴一个月，可以自我奖励一次，如买本好书给自己。

6.不找借口以防止自欺欺人。“这是小亮借给我看的武侠书，要不我不会看的”“这是最后一次，这次之后我就再也不看动画片了”……诸如此类的借口，其实都是下次再犯错的苗头和征兆。

建议一：女孩要善于倾听

懂得倾听的女孩最美丽。倾听所折射出的是一个人内在的品质，同时也是一种极其好用的交往工具。一个聪明伶俐的女孩，如果不懂得如何与人交往，那也注定只能是一个“孤家寡人”，独自品味着“高处不胜寒”的孤独。因为一个人不懂得与他人相处，那么他的潜能也很难施展出来。即便他才高八斗，学富五车，那也只是个闭门造车的书呆子。倘若想走进他人的世界，灵活周旋于人与人之间，最重要的一点，就是要懂得倾听。

倾听是一门艺术，有的时候，善于倾听他人，不仅能够使自己更受欢迎，还可以避免很多误会的发生。欢喜和怨恨之间，可能仅仅是一句话、一秒钟的距离。你应该记住的就是，永远不要在别人说话的时候打断他，耐心听对方把话讲完。

一般父母平日在生活上非常关心女儿，可在真正能够静下心来倾听女儿的想法感受方面做得却很不够。女孩学习和生活上有什么问题，在向父母诉说时，稍不如意，就被打断，家长不让女孩把话说完，轻则斥责，重则打骂，对此，女孩只能将话咽回去。久而久之，女孩便关闭了向父母敞开的心扉。

教女孩学会倾听，父母首先就要学会倾听女孩的心声。若女孩感受到父母能够耐心听她把话说完，则会产生一种被尊重、被关注的感觉。当女孩感到她能自由地对任何事物提出自己的意见，而她的认识又没有受到轻视和奚落时，她就能毫不迟疑、无所顾忌地发表自己的意见，因而更容易树立和保持自己的自信心，认识自己的能力并敢于说出自己的想法。

有些家长以为，递个耳朵过去听女孩说话就是倾听了，其实不然。家长如此做法只是机械地听女孩诉说，体会不到女孩倾诉时的情绪，这种情况下，女孩的想法得不到父母的重视，她们只能把自己的秘密埋藏在心里，做父母的就很难知道女孩的所思所想，这样对女孩的教育就会无所适从。女孩的说话权得不到父母的尊重，久而久之，女孩就会与父母产生对抗情绪，以致双方相互不信任，沟通困难。一份调查显示：70%～80%的儿童心理卫生问题和家庭有关，特别是与父母对女儿的教育和交流沟通方式不当有关。另外，父母不懂得倾听女儿，也会从侧面限制她语言能力和社交能力的发展。

很多人都认为，要想让自己变得优秀，就要主动出击去与别人竞争，在竞争中获胜最能证明自己的能力。其实，表现优秀的方法还有一个，那就是学会倾听，以静制动。人之所以长了两只耳朵、一张嘴巴，就是为了多听、少说。善于倾听的人比起总是滔滔不绝的人来说，更容易得到他人的信任。每个人都希望自己被他人重视，试想，当一个人对着你兴高采烈地说话的时候，你静静地坐在他的对面，用心听着，他肯定会觉得说得酣畅淋漓，分外愉悦。“听”是一种无声的交流，学会当一个好的听众，欣赏对方的表现，就可以得到对方的肯定和尊重，在双方之间建立起相互信任的基础，因而产生不断与你交往的愿望。

倾听是孩子感知和理解语言的一种行为表现，对孩子来说，倾听将直接影响到其学习新知识、新本领的能力。那么，该怎样培养孩子养成良好的倾听习惯呢？

首先，父母是孩子学会倾听的最好榜样。要孩子学会倾听，父母就要先懂得倾听，父母的一言一行、一举一动都是孩子学习倾听的最好榜样。通常自家人在交谈时比较随意，长此以往势必影响到孩子。因此，即使是在家里爸爸妈妈也要特别注意交谈时的方式和礼仪，专心听对方讲话，不要同时做其他的事。

其次，父母要让孩子懂得，当他人快乐或难过的时候，用心去倾听对方，分享他们的快乐，分担他们的痛苦，他们就能毫无顾忌地向你敞开心扉。因为倾听，对方能够看到你的真诚和细心，也会对你更加信任和友爱。再有，倾听可以让自己很好地发现自身可能存在的问题和缺陷，有利于自己的及时改正。

最后，培养孩子倾听的习惯，父母要从生活的细节着手，引导孩子掌握倾听的艺术。例如，父母可以告诉孩子，在听对方讲话时应耐心听完，不要抢话、插嘴，特别是在上课时要做到安静地听、专心地听，不做小动作，不影响别人，让孩子懂得影响别人听讲也是一种不礼貌的表现。

建议二：让女孩远离是非之人

有人的地方就有谣言。家长们闲来无事，喜欢三五成群，闲话邻家长短。他们聊起来，从不注意身边的孩子是否听到。结果说者无心，听者有意。那些在他们身旁玩耍的孩子们将大人的闲话记在心上。在某一个周末的午后，粗粗的柳树投下斑驳的影子，正好遮挡了秋千，池塘里的鱼活蹦乱跳的，满园的蔷薇争先恐后地开着，处处弥漫着沁人心脾的花香。可是与这景色不搭衬的是几个女孩子的闲言碎语。她们闲聊着从家长那里听来的谣言，同时也说着自己班上同学的坏话：卡卡喜欢上阿蒙了，我见过他们牵手逛街呢；悠悠是个小偷，偷了很多同学的东西；露露不是她爸妈亲生的，她爸妈从来不管她……结果可想而知，谣言传来传去，传到了当事人的耳朵里，不仅伤害了他们，而且大大影响了人们之间的关系。

家长应避免和邻居或朋友，在女儿面前大谈那些无聊的闲言碎语。女孩听了这些话语，很有可能就学会了说三道四。真正的朋友会逐渐疏远她，取而代之的是一帮虚伪的朋友。

也许很多情况下，家长为人和善，没有在女儿面前说过谁的不好。但女儿却是一个喜欢造谣的女孩。当女儿在父母面前说别人的坏话时，父母则应采用暂时的冷漠，不理睬她，以严肃的态度来对待。

妈妈要培养女孩学会管理时间的习惯

英国教育家赫伯特·斯宾塞说：“必须记住我们学习的时间是有限的。时间有限，不只由于人生短促，更由于人事纷繁。我们应该力求把我们所有的时间用去做最有益的事情。”学会利用时间，是很多成功人士的必备法宝，女孩们要想这一生有所作为，就一定要抓住稍纵即逝的时间。

苏格拉底说：“当许多人在一条路上徘徊不前时，他们不得不让开一条大路，让那珍惜时间的人赶到他们的前面去。”

很多人把时间当作河，坐在岸旁，束手无策地看它流逝；也有的人把时间当作自己忏悔的温床，躺在对过去的追忆与哀悼中，苦苦呼唤着已逝的时光；还有一些人把时间看作未来的宠儿，总是在晚霞中想象着旭日初升的欢愉。而时间自己却不管你把它当作什么，都按它自己的步伐从容不迫地走着。未来姗姗来迟，现在像箭一般飞逝，过去永远静立不动，而你对待这三者的态度决定了你能抓住时间还是被时间所抛弃。

莎士比亚说过：“在时间的大钟上，只有两个字——现在。”昨天唤不回来，明天还不确定，一个人能拥有、把握的就是今天的时间，虚度今天，就是毁了昔日的成果，丢了来日的前程。

古今中外，凡事业有成者，都是十分珍惜和善于驾驭时间的人。我国宋代文学家欧阳修说：“余平生所做文章，多在三上——马上、枕上、厕上。”三国时董遇读书的方法是“三余”：冬者岁之余，夜者日之余，阴雨者晴之余。也就是说充分利用寒冬、深夜和阴雨天，在别人休息的时间发奋苦学。他还认为“三余广学，百战雄才”。

鲁迅先生说过：“我把别人喝咖啡的时间都用到读书和学习上。”他几十年如一日，从不浪费一分一秒，为后人留下了700多万字的著作。就在重病缠身的日子里，他还抓紧时间工作和学习，在逝世的前一天，还写了他最后的一篇作品《因太炎先生而想起的二三事》，真是惜时到了生命的最后一息。

女孩们也可以效仿这些成功的伟人，充分利用自己的闲暇时间。其实，已经有一些女孩开始这样做了，她们将外语单词和语法记在小本子上，随身携带，等公交车时拿出来读一读，排队买饭的时候掏出来背一背，日积月累，她们的成绩有了显著的提高，这无疑要将一部分功劳归于闲暇时间的利用。女孩们，你们一定不想落后，那就开始行动吧！让自己的时间增值，相信你们可以做到。

建议一：守时就是最大的礼貌

时间如同金钱，越是懂得利用时间的人，越感觉到时间的价值；越是贫穷的人，越感觉到时间的可贵。问题是当我们富有时，往往不知如何利用而任意挥霍了时间，但当真正需求的时候，时间却已经所剩无几了。

要想赢得时间，就必须做到恪守时间。

守时就是遵守对时间的承诺，是对自己和别人生命的尊重，是一个有助于打动别人的简单方法，守时是信誉，也是最大的礼貌。时间是生命的计量符号，是生命的格式特征，不守时就是对生命的践踏；守时即惜时，是珍爱生命、尊重生命的表现。成功的秘诀在于守时，有时间观念，这是一种信用。

守时就是遵守承诺，按时到达要去的地方，没有例外，没有借口，任何时候都要做到。如果你对别人的时间不表示尊重，你别指望别人会尊重你的时间。如果你不守时，你就没有影响力或没有道德的力量。但守时的人会取得职员、助手、货商、顾客……每一个人的好感。

守时就是诚实守信，诚实守信是一种美好的品德，更是做人的基本原则。近年来，诚实守信在社会上的被重视程度逐渐提高。

约会准时问题是我们最常遇到的诚信问题之一。每逢节假日，朋友约好了出去是常事。事先我们都会定好时间和地点，可是到了时间后，总会有人迟到甚至不去。“路上堵车”“起晚了”“自行车坏了”……迟到者总是有千万条理由——搪塞焦急等待着他们的人。以如此草率的态度对待朋友间的约定，久而久之，就会失去朋友的信任。其实，若是你真的有事情会影响你赴约，早一些告诉同行的人就会避免类似的局面出现，而你也算是坚持了诚信的原则。

生活中类似的问题还有许多，对于小事不加以重视的我们就这样一次次抛弃了诚信。我们在今后要做的，就是在小事上提高自己的注意力，将诚信的原则渗透到我们生活中的每一个细节。特别需要引起注意的是，在生活中，我们也许有过失信于人的经历，有些人会因此“破罐子破摔”地反复践踏诚信。但事实上，越是曾失信于人，就越应该以亡羊补牢的态度在今后的生活中努力改变自己失信的习惯，只有这样，才能得到别人的信任。

建议二：告诉女孩大可不必那么慌张

很多时候，我们会觉得，生活中有太多需要关注的、需要去做的事情，女孩喜欢唱歌、跳舞也不错，画画也行，所以就哪一样都不愿放弃，都要进行。但实际上，人的精力是有限的，与其参与那么多却一个都没成功，倒不如把精力和时间都集中朝着一个方面努力发展，取得更精、更高的水平，这样才有可能真正成功。

1897年，意大利经济学家帕累托偶然注意到英国人的财富和收益模式，于是潜心研究这一模式，并于后来提出了著名的80/20法则，即二八法则。

帕累托研究发现，社会上的大部分财富被少数人占有了，而且这一部分人口占总人口的比例与这些人所拥有的财富数量具有极不平衡的关系。也就是说，一般情况下，我们付出的80%的努力，也就是绝大部分的努力，都没有创造收益和效果，或者是没有直接创造收益和效果。而我们80%的收获却仅仅来源于20%的努力，其他80%的付出只带来20%的成果。

80/20法则告诉人们一个道理，就是要把自己的精力放在自己的主要目的上，这是提高一个人工作和生活效率的关键。80/20法则对工作的一个重要启示便是：避免将时间花在琐碎的多数问题上，因为就算你花了80%的时间，你也只能取得20%的成效。你应该将时间花在重要的少数问题上，因为解决这些重要的少数问题，你只需花20%的时间，即可取得80%的成效。

当我们把80/20法则应用到时间管理上时，就会出现以下假设：一个人大部分的重大成就——包括一个人在专业、知识、艺术、文化或体能上所表现出的大多数价值，都是在他自己的一小段时间里达成的。在创造出来的东西与花在创造活动上面的时间这两者之间，有极大的不平衡。如果快乐能测度，则大部分的快乐都发生在很少的时间内，而这种现象在多数的情况里都会出现，不论这时间是以天、星期、月、年或一生为单位来度量。

我们对于时间的品质及其扮演的角色所知甚少。许多人用直觉即可明白这个道理，而千百个忙碌的人并不知道学习管理时间，他们只是瞎忙。由此看来，我们必须改一改我们对待时间的态度。

第八章

引领女孩爱学习，会学习

——让女孩成为“学习达人”

好父母让孩子爱上学校

不管家长们平时多么忙碌，到了给孩子择校的时候，都应不惜一切代价放下手头的工作，转而为孩子上学的问题忙碌。许多家长都希望自己的孩子能够上最好的学校，于是托关系、送礼，为孩子上学的问题费尽心思。可怜天下父母心，家长的初衷无一例外都是好的，他们希望自己的孩子受到最好的教育，将来考上好大学。然而，家长们却不知道，最好的学校未必就适合自己的孩子。

父母在给女孩选择学校的时候一定要根据孩子的实际情况进行，例如父母应该考虑到女孩的学习能力、智力、心理承受能力等因素，在全面考虑的情况下为女孩挑选最适合她的学校，而不是最好的学校。

建议一：学前女孩多做游戏

女孩天生爱玩，学龄前的儿童更是如此。作为父母，与其让女孩在胡乱玩耍中浪费掉宝贵的时间，不如用游戏来培养女孩的智商，在迎合孩子乐玩天性的同时，让她的大脑也从中受益。父母一定不要小看各种简单的游戏，实际上，它们对开发儿童的智力有着出人意料的帮助，是家长配合学前教育最好的方式。

女孩对其他事物的注意力也许并不高，但是当她在玩游戏的时候，却有着成年人无法想象的高度集中力。在了解游戏和亲身参与游戏的过程中，女孩通过观察以及在大人的指导下掌握游戏规则，这不仅能丰富女孩的感性认识，而且还能培养她对外物的观察能力。

游戏是需要想象的，例如搭积木，相同的积木块却可以搭建成各式各样的形状。因此，玩游戏还可以丰富女孩的想象力。在玩的过程中，父母不要用程式化的东西来束缚女孩的思维，而是要顺着她的意愿来，她想要怎么玩就怎么玩，天马行空的想象会让女孩在心中勾勒出五彩斑斓的世界，让她的想象力发挥到极致。

此外，一些特定的游戏因为有其本身的规则，父母在引导女孩玩耍的时候虽然不能完全拘泥于已有的形式，不过为了发展女孩的逻辑思维能力，可以把现成的经验与女孩的想象力相结合，通过分工和角色转换来完成各种各样的游戏。女孩的逻辑思维能力就是在这个过程中逐渐增强的。游戏要求孩子在玩的过程中能够快速地做出一些反应和判断，这种反应和判断能够帮助女孩在不知不觉中养成敏捷思考的能力，这对开发孩子的大脑是十分有益的。

游戏不但能够增强女孩的观察力、想象力和逻辑思维的能力，还能使女孩的自信心得到加强。父母与女孩一同玩游戏的时候，应该偏向于在一旁给予引导，而不是全盘地把现有的经验教给孩子，以便充分调动她的参与性和积极主动性。玩游戏的过程其实也是孩子努力达成自我愿望的过程，是自我目标实现的途径。通过自己的想象，经过一系列的情绪体验，当女孩最终完成了游戏之后，她的自信心就会自然地得到提升，而且也让孩子有了靠自己努力来实现愿望的意识。

建议二：小学女孩重在兴趣培养

兴趣是最好的老师，也是激发求知欲望的根本动力。因此，在小学教育的阶段，父母在家庭教育中需要多培养女孩对学习的兴趣，以便在更好、更稳固地提高孩子学习成绩的同时，让女孩的课外知识也不断地丰富起来。一旦有了学习兴趣，学习将不是一件枯燥乏味的事情。相反，在兴趣的推动下，女孩会更加积极地发挥自己的思维能力，集中注意力，主动地克服学习过程中各种各样的困难，将知识印刻在自己的脑海中。

既然兴趣对于学习如此重要，那么，家长平时应如何来培养女孩对学习的兴趣呢？其实，孩子永远都是学习的主体，而家长在培养女孩学习兴趣的时候只是在一旁起着推动的作用，也就是为提高女孩的积极性创造良好的环境。要培养女孩的学习兴趣，首先就要积极创设问题情境，通过问题来激发女孩的兴趣。例如，家长如果给女孩讲一个故事，在讲故事的过程中可以不断地停顿来提出问题，让女孩设想接下来的情节或者故事的结果，并且让女孩说出为什么会这样猜想，这种提出问题与解决问题的过程对学习兴趣的培养是非常有效的。当女孩习惯了这样的学习方式以后，再回到学校学习课堂知识的时候，就会用同样的方法来吸收新知识，以达到好的学习效果。

小学学习阶段的女孩仍旧保留有爱玩好动的特征。因此，在培养女孩学习兴趣的时候，家长就完全可以针对孩子的心理，充分调动她的动手能力，创造出具有操作性的情境。例如，如果孩子对一些几何知识感到迷惑，那么家长就可以通过用实际物体的演示来让她真正地了解知识内容，并且让她亲自参与其中，根据书本上的讲解摆放物体，在体验的同时掌握知识。这不仅培养了孩子的学习兴趣，而且也提高了她的动手能力。此外，悬念情境也是激发孩子学习兴趣的一个好方法。

总之，培养女孩的学习兴趣是完全符合小学阶段孩子心理发展特征的。所以说，无论是在学校的课堂学习，还是在家中的课后学习，老师和家长都应该充分利用女孩的心理特征，通过培养她们的学习兴趣来达到学习的效果。

家长要让女孩不断地体验到学习的乐趣。由于小学生的注意力比较短暂，比如她刚刚还有着浓厚的学习兴趣，并且在新知识的学习中获得了相当的快乐，但也有可能在短暂的喜悦之后就忘记了刚刚的快乐。因此，家长在平时的生活中要时不时地让女孩体会到学习的乐趣，时间久了，这种乐趣就会一直萦绕在她心头，学习兴趣自然而然地就会产生了。

小孩子是需要鼓励的，当她掌握了一些新知识以后，家长不妨给予她适当的奖励，口头表扬也好，物质奖励也好，这些方式都是为了让女孩乐于走入下一个知识的学习阶段之中。所以说，适当地给女孩一些奖赏是非常重要的。

不爱“学习”并非不求上进

在我们身边，不少女孩都有着或多或少的厌学情绪，厌学情绪的产生与女孩的成绩是否优秀没有太大的关系，有些孩子即便是成绩非常好，也有可能对上学有一些抵触心理。可是，孩子们为什么会讨厌上学呢？

心理学家称，很多女孩的厌学心理与她们聪明与否没有太大的联系，而是因为对学习产生了厌倦所以想要逃避。但是，长期的厌学会影响女孩学习的心情，进而导致成绩下降，这是十分危险的。根据专家总结，女孩之所以会产生厌学情绪，主要原因有三个：

1.家庭与父母对女孩的期望过高。父母希望孩子有一个好的未来，当然也就希望孩子通过从小认真学习来实现这个愿望和目标。但是，由于现在的父母对孩子的期望越来越高，而且成天挂在嘴上，这就导致女孩承受的压力是她们已经无法负荷的，因此就会产生厌学情绪。

2.学校是给女孩施加压力的第二座大山。为了让学校有不错的升学率，学校和老师都在不遗余力地传授知识。可是，有的老师由于心急或者恨铁不成钢，对成绩不好的女孩不是批评就是指责，丝毫没有顾及女孩的自尊心，让女孩越来越反感老师和学校，于是女孩也就不想再去学校了。

3.女孩自身对学习概念的模糊。女孩从小到大都照着父母的要求按部就班地读书学习，可是却没有人告诉她，学习究竟是为了什么，以致很多女孩都觉得学习就是为了升学考试，而没有更深远的理解。由于对学习概念的模糊，再加上升学压力大，虽然有的女孩也很努力，可是对学习还是有着抵触情绪，心中十分烦闷。

以上三点就是造成女孩产生厌学情绪的几种原因。为了消除女孩的厌学情绪，父母和老师首先就不能给女孩很大的学习和心理压力，而要给女孩创造一个健康快乐的学习环境。

父母还需要让女孩知道，学习不仅仅是为了升学考试，更重要的是要提高自身的素养，让自己具备独立学习的能力，而且慢慢地热爱学习。父母不妨给孩子灌输一些“终身学习”的概念，举一些事例来帮助孩子理解，让孩子弄清学习的真正目的。

建议一：女孩逃学怎么办

在每一个学习阶段，都会有一些女孩出现逃学的不良行为，这让父母感到非常无奈。造成女孩逃学的原因主要来自两大方面：一方面是其自身的主观原因；另一方面是社会、学校和家庭等客观原因。先让我们来分析一下女孩逃学的主观原因，也就是心理因素。由于现在学校课业压力比较大，一些成绩不好、性格也较为内向的女孩，由于自卑而厌倦学校的生活，为了逃避自己不想看到的人和事，她们往往会选择逃学作为躲避的方式。

其实，并不是成绩不好的女孩都有逃学的倾向，逃学也是分阶段的。女孩因为成绩不理想，她自身就会对自己有所责备，如果再加上老师和家长的埋怨，那么她心里的自卑和反抗情绪就会上升，最终选择逃离父母和学校。如果这个时候家长和老师不及时地给予她心理上的帮助和指导，那么偶尔的逃学很可能会发展为习惯性逃学。

除了孩子的主观原因之外，外在的几大因素也是让女孩产生逃学行为的主要因素。首先，父母和老师在教育上的某些偏颇容易让女孩有逃学的倾向。一些学校会根据成绩的高低把同学分到不同的班级，这种做法给成绩差的女孩有一种“不如人”的感觉，慢慢地丧失对学习的信心，也就不愿意再在学校里面待下去了。当女孩在学校里受了委屈，或者心情低落的时候回到家，可是所得到的不是父母的安慰和关心，反倒是被一片指责。因此，是学校与家庭共同把女孩推出了校园的门外。

除了学校和家庭教育上出现了问题之外，女孩逃学还有可能是受到其他人的引诱。一些高年级不学无术的学生整日在社会上闲逛，他们伙同社会上的不良青年引诱还在学校学习的女孩子，告诉她们外面的世界有多精彩，出去也不用再为学习而苦恼。就这样，原本成绩就不理想的女孩子因为经不住外面的诱惑而逃学了。一次两次以后，逃学就会变成家常便饭。

最后，社会上一些不好的言论也会影响到女孩。例如，近年来社会上流传着一些“读书无用论”的说法。特别是在大学生找工作都十分困难的情况下，这种说法更是风靡一时。甚至有些文化程度不高的家长也经常给女孩有意无意地灌输这样的思想，导致女孩觉得读书确实没用。

针对以上这几种原因，无论是女孩的自身还是外部因素，家长和学校都应该积极地采取相应的措施来补救，不要让逃学的女孩从此走进堕落的深渊。在家里，父母要给女孩足够的温暖，让她感受到亲人的温情，而不是因为成绩不好就受到所有人的冷眼。在学校里，老师要尽量用合适的教育方法来帮助女孩提高成绩，而不是一顿呵斥和责骂就完事了，要充分考虑到女孩的自尊心。而学校方面则要警惕社会不良青年和言论对在校学生的影响，定期给学生开展这方面的教育活动，让学生明辨是非。

给女孩足够的关心比什么都重要。试想一下，女孩因为成绩差或者在学校有什么地方不顺心，如果回到家里家长能够及时地发现她的情绪波动，再跟她进行适当的交流，给她以关怀和温暖，让她的不良情绪渐渐地消失，那女孩还会用逃学的方式进行反抗吗？

建议二：不要用成绩来苛求女孩

许多女孩都会这样抱怨："考得好了，他们就高兴得不得了，又是买这个又是买那个，还到处夸赞我们。可是一旦考差了，他们的脸色立马就阴沉下来了，不停地唠叨批评，说我们没有好好学习，还说我们辜负了他们的一片苦心。"生活中，父母与女儿之间的矛盾在一定程度上取决于女孩学习成绩的好坏。事实上，除了责备和批评之外，很多女孩也因为成绩不理想还被父母打过，这样的做法让女孩更加不能忍受。

一方面，父母为了女儿学习成绩的提高，不是找家教就是让女孩进辅导班，甚至不顾女孩的意愿单方面地把她送进重点学校，让女孩在紧张的状态下承受学习的压力。另一方面，孩子因为从心底对父母的做法不满意，甚至有些怨恨，虽然知道父母也是为了自己，可是自己就是不能转变对他们的看法。就这样，父母觉得女儿不争气，女儿认为父母不关心自己。久而久之，不但成绩得不到提高，反而可能严重地影响父母与女儿之间的感情。

专家建议，父母要学会辩证地看待女儿的学习成绩。对于成绩本来就不错的孩子，父母只需要让孩子保持她的水平，在没有感受到太大压力的情况下，可以向前突破，但是绝不能够硬性地规定女孩应该考多少分数。对于成绩并不理想的女孩，父母则要从女孩的心理出发，了解女孩成绩不好的真实原因，并且通过沟通与交流来帮助女孩，而不是一味地责怪。女孩的进步需要时间来证明，而不是一次两次的考试就能够看出来的，也许因为很多原因，导致女孩在考试的时候没有发挥好也说不定，这并不能说明女孩在平时就没有努力学习。

告诉女孩一些科学的学习法

学习是一种能力，这种能力不是生来就有的，而是从小就不断地培养，渐渐养成的一种能力。

对于女孩来讲，最好最实用的学习方法莫过于课前的预习和课后的复习。预习是培养女孩自主学习能力的一个很好的方法，是提高学习效率的关键。习惯于预习的女孩，往往懂得如何在没有人指导的情况下获取知识，这对于日后参加工作也是非常有好处的。作为家长，父母在平时的家庭教育中就应该让女孩养成提前预习的好习惯。当然，注重预习只是学习的一个方法而已，对于女孩来讲，课后的复习一样重要。

在课堂教学中，老师一般会把当堂的内容让学生们在课堂上就全部学会听懂，这本来是件好事，却也让一些女孩养成了不好的习惯。也就是说，女孩觉得只要在课堂上把老师所讲的内容学会，下课后再把作业做完就足够了，此后就不会再对学过的知识进行复习。可是等到上新课的时候，女孩却发现，上节课所学的课堂知识早都忘记了。随着课程的内容越来越多，久而久之，女孩所遗忘的知识就越来越多。针对这种情况，家长就应该培养女孩适时复习的好习惯。也就是说，不要让女孩认为所谓的复习只是在大考前的总体复习，而忽略了平时的小复习。其实，考试成绩的好坏很大程度上都取决于平时对每节课知识点的及时复习。

学习是一项复杂的系统工程，要提高学习的质量与效率就要学会学习。从某种意义上讲，构建科学的学习方法，正确地加以运用，就是会学习。现代学习活动中的失败者，不仅是那些没抓紧学习的人，还包括那些不会学习的人。未来学家托夫勒指出：“未来的文盲，不再是不识字的人，而是没有学会怎样学习的人。”掌握了科学的学习方法，等于拿到了通向成功殿堂的钥匙，就可以提高学习的效率，收到事半功倍的效果。

建议一：预习，让女孩学会主动听课

预习指的就是在老师正式讲课之前，学生自行对将要学的新知识有初步的了解，并且对自学无法解答的难题做重点标记，待到老师讲课的时候再认真听讲，解决难题，达到最好的听课效果，从而让学习能力和学习成绩都得到提高。孩子在预习功课的时候，通过了解课本上的新内容，能够提高接受新知识的能力。

既然预习能够提高听课效果，让孩子更好地掌握所学的新知识，因此也就缩短了课后复习所要花费的时间。很多十分优秀的女孩都有预习的习惯，她们在与他人分享自己的学习经验时，总是把课前预习放在重要的位置。可见，预习对于提高学习效率来说有着多么大的影响。

基础学习阶段的预习大致可以分为两种。一种是预习的内容是长时间段的，例如暑假期间对下一学期的学习内容的预习。这种预习要求女孩能够从整体上了解一本书的知识结构，试着通过自学来分析这些知识结构，并且掌握基础知识，能够在预习后会做基本的习题。在长假期间，父母可以让女孩每天抽出一两个小时来做大预习，以培养女孩的学习能力。

另一种预习是每次课前的小预习，也就是说，对老师上课即将要讲的内容提前了解，这也是最为常见的预习内容。课前预习的同时也要对之前所学的旧知识进行温习和回顾，以便系统地掌握学习内容。做课前预习一定要记好笔记，笔记的内容包括本小节内容的大纲以及预习中自己不能解答的问题等。

中学生国际奥林匹克数学竞赛一等奖的一位得主在接受采访时说："自学一定要真正学会，很随便地看看书就说预习完了，这样的预习效果很小。"因此，家长在指导孩子预习的时候，一定要让女儿专心地学习。

在培养女孩预习习惯的时候，家长可以和孩子一同学习。有人说："家庭是世界上最重要的教育机构，它提供着给人的生命打上烙印的教养。"在女孩还没有预习习惯的时候，家长为了帮助女儿建立起这样的优良品质，自己也可以亲自参与其中，通过和女儿一起学习来增强孩子的积极主动性，甚至家长和女儿也可以相互竞争，看谁对新知识能够掌握得更好。

孩子与孩子之间也可以一起预习。一个人的知识和思维都是有限的，在预习的过程中，女孩不免会遇到各种难点。这个时候，家长不妨尝试着让女儿与同学在一起预习，通过相互间的交流来提高预习的效果。当然，家长要确保女孩们在一起确实是在学习，而不是借着学习的理由玩耍。这就要求家长要做好监督工作，在信任女儿的基础上给予她一定的自由。

建议二：复习，让女孩的记忆更加牢固

家长在培养女儿复习习惯的时候，可以采用多种不同的复习方式。例如，当女孩在课堂上学习了新的知识以后，做家庭作业的过程本身也是一个复习的过程。但是家长不能让女孩仅仅满足于通过做作业来复习知识，而是要让女孩养成在学新知识之前就对旧知识进行温习的习惯，也就是所谓的“温故而知新”。在一门学科中，新知识和旧知识本来就有着不可分割的关联性，因此，当女孩复习了已经学过的知识，等到老师讲授新的知识点时，听起来就会如鱼得水，不会觉得吃力。

同时，复习的过程中还要让女孩养成眼到、手到、心到的好习惯，因为只有认真地去复习，才能够牢固而扎实地掌握已有的知识。对于一些较难的知识点，如果一次的复习达不到牢记的效果，那么家长就要引导女孩进行多次反复的复习。当然，复习次数之间可以做一些停顿，一次复习与下一次复习之间隔上几天，通过逐次复习来加深女孩对知识点的学习。

前面提到的都是平时的小复习，是加强掌握短时间学习内容的好方法。但是，小复习也会有自身的缺点。例如，女孩的机械记忆力一般很强，对于一个个小的知识点也许有着不错的理解和掌握能力，但是如果知识点多了，特别是在知识点相近的时候，孩子就会容易把它们弄混淆。这就要求女孩在做到及时地小复习之外，还要适时地做好大复习。大复习能够帮助孩子梳理一个长时间段内所学到的知识内容，通过前后的比较，不至于把知识点弄混。

最后，家长在指导女孩复习功课的时候，还要注意复习的时间安排。除了复习的时间需要稍加固定之外，时间的长短也要适宜。孩子的集中力有限，因此复习的时间也不宜过长，长时间的复习会引起大脑疲劳，让孩子对复习感觉到厌倦。

总之，只有小复习与大复习兼顾，而且有固定和适宜的复习时间，孩子才能够更加牢固地将学习的内容记在脑海中。

小窍门让学习变轻松

新的发现往往是从疑问中得来的。在某一领域或者某一问题上，假如没有了疑问或者是怀疑精神，对现成的陈述或者答案只是一味地吸取和接受，那么这个领域或者问题也许就永远没有新的突破和进展。在学习中也是如此，比如对一个问题进行仔细的思考，也许在思考的过程中就会有一些问题在脑海中盘旋，相反，假如没有仔细钻研，那有问题的概率也就很小了。

在美国，对于喜欢提问的学生，老师在期末考试给成绩的时候一般会给较高的分数。美国的学校非常鼓励学生提问，并且认为能够提出问题的孩子都是动了脑筋的，而没有提出问题则表明没有仔细思考。因此，在基础阶段的学习中，家长应该培养女孩善于提问的好习惯。

在培养女孩善于提问的时候，父母要注意发散女儿的思维，让她从不同的角度反复地观察和思量同一个问题或者同一件事。历史上很多重要的发明都是因为思考的时候换了一个角度，结果就大不相同。此外，面对女孩的提问，在有的情况下，家长也不要直接给予肯定或否定的答案，而是要女孩通过实验或者自己的观察去得出结论。这样做不仅可以充分调动女孩的积极性，而且她自己得出的结论她会记得更加牢固。

建议一：和女孩一起制订学习计划

学习计划就是学习时间与学习目标的完美结合，一个好的学习计划一定是时间安排合理，学习目标也很明确。学习计划有短期的，也有长期的，但无论是哪一种，都需要有一种坚持不懈的精神，认真严格地按照计划行事，最终才能取得好的成绩。

长期的学习计划是指在较长的一段时间里，为了让学习水平上升到某种程度而制订出来的。长期的学习计划更加具有变动性，因为女孩不可能预知较长时间内会发生的事情。因此，长期的学习计划不适宜太过具体，只要大概地列出就可以了。首先，学习目标应该是明确的，也就是说，通过较长时间的学习，女孩想要自己的成绩提高到何种程度。其次，长期学习计划的学习内容也应该是具体的。例如，孩子的几何学得不是很好，那么就可以制订出一个长期的几何提高计划，列出自己将要在这一段时间里所学的几何内容，然后按部就班地完成计划。

短期的学习计划是对长期学习计划的补充。如果说一个月是个长期的计划，在这一个月内，女孩决定要背诵200个英语单词，为了实现这个长期的计划，那么就需要女孩列出每周、每天所要背诵的单词，也就是短期的学习计划。相较于长期计划，短期学习计划应该更加具体，每天时间如何安排，在什么时间要学什么内容，这些都应该清晰明确地写在计划中。短期学习计划可以每天列，并且根据前一天的经验适时地调整第二天的计划，这样计划就会越来越成熟，可行性也会有效地得到提高。

学习计划的制订还要从女孩的实际情况出发，不能因为急于想要提高学习成绩，就制订一个远远超过女孩能力的计划，这样做只会让计划成为一纸空谈，没有任何可行性。在制订出一个可行的学习计划以后，家长就要监督女孩每天认真地执行，因为只有在坚持不懈的努力下，计划中的学习内容才能真正为女孩所掌握，最终起到提高成绩的作用。如果只是3分钟的热度，那么再好的学习计划也不会起到任何效果。

总之，制订学习计划可以在一段时间内有效地让女孩实现自己的学习目标，减少时间的浪费，提高学习成绩，而且还能够锻炼女孩的意志力，有利于女孩良好习惯的养成。

建议二：鼓励她上课坐在前排

看到“坐在前排”这四个字，很多人可能会直接联想到教室里的座位，然后问：“教室里的座位有前排也有后排，而且前排就那么一些，如果所有人都想坐在前排，那么后排给谁坐呢？”没错，教室里的座位有前有后，不可能每个女孩都能坐在前排，可是家长应该鼓励女孩永远都坐在前排。

不同的老师有着不同的排座位的方式，有的是根据身高，有的是根据学习成绩。如果是前者，那么个子高的孩子也只好坐在后排；但如果是根据成绩排，那么孩子就可以通过自己的努力来力争坐前排。事实上，我们在这里所讲的“坐在前排”并不单指教室里座位的前排，而是一个统筹的概念。也就是说，父母在家庭教育中要让女孩明白：做什么事情都要做到最好。